Mein KIRCHENJAHR Lapbook

Doreen Blumhagen

Kopiervorlagen zum Schneiden, Falten und Weitergestalten

Verlag an der Ruhr

Impressum

Titel

Mein Kirchenjahr-Lapbook

Kopiervorlagen zum Schneiden, Falten und Weitergestalten

Autorin

Doreen Blumhagen

Umschlagmotive

Gestaltung des Lapbooks: Doreen, Sophie und Vincent Blumhagen;
verwendete Illustrationen:
Taube und Fisch: © Michaela Steininger – Fotolia.com; Schere: © Verlag an der Ruhr
alle anderen: © Dorothee Wolters

Druck

Heenemann GmbH & Co. KG, Berlin, DE

Verlag an der Ruhr
Mülheim an der Ruhr
www.verlagruhr.de

Geeignet für die Klassen 1–4

ISBN 978-3-8346-3793-2

Inhalt

Kopiervorlagen

Methodische und didaktische Hinweise

Lapbook – Was ist das?

In einem Lapbook dokumentieren und präsentieren Schüler* ihre Lern- und Arbeitsergebnisse in einer individuellen Entdeckermappe. Diese mehrfach aufklappbaren Mappen enthalten viele verschiedene Minibücher mit Informationen zu einem Gesamtthema. Das Besondere daran ist, dass diese Minibücher z. B. zuerst aufgeklappt, gedreht oder durchgeblättert werden müssen, um die Informationen lesen zu können, wodurch die Neugier beim Lesenden geweckt wird. Solche Minibücher können z. B. kleine Hefte, Drehscheiben, Pop-Up-Karten, Umschläge, Leporellos oder Faltbücher sein.

Diese werden von den Schülern selbstständig bastelnd, malend und schreibend zu den Teilthemen gestaltet. Dabei kann es sich z. B. um Zeichnungen, Geschichten, Diagramme, Grafiken, Landkarten oder Steckbriefe handeln.

Die fertigen Minibücher werden von den Schülern gesammelt und auf einen Tonkarton, meist in der Größe DIN A3, geklebt. Der Tonkarton selbst wird auf DIN-A4-Größe gefaltet. Auf diese Weise entsteht ein großes Buch mit vielen kleinen Büchern.

Die Bezeichnung „Lapbook" bedeutet, dass die Mappe nur so groß ist, dass sie auf dem Schoß (engl. „lap") des Schülers Platz hat.

Vorteile eines Lapbooks

Durch die optische Besonderheit und den Bastelaspekt ist die Erstellung eines Lapbooks für die Schüler sehr **motivierend**, da sie die Möglichkeit haben, etwas Einzigartiges und Individuelles zu gestalten.

Die Schüler arbeiten **selbstständig** und setzen sich **vertieft** mit einem Thema auseinander.

Lapbooks können zu **allen Sachthemen** des Grundschulunterrichts angefertigt werden.

Die Gestaltung eines Lapbooks kann in verschiedenen **Unterrichtsformen** integriert werden. So ist der Einsatz sowohl als Ergebnissicherung im lehrerzentrierten Unterricht als auch als selbstständige Aufgabe im offenen Unterricht möglich.

Lapbooks ermöglichen es, Themen **differenziert und individuell** zu erarbeiten. So können leicht unterschiedliche Schwierigkeitsgrade durch Impulse und Aufgabenstellungen gesteuert werden.
Die Schüler haben die Möglichkeit, Teilthemen auszuwählen und auf verschiedene Art und Weise zu präsentieren. Sie können leicht eigene Ideen einbringen.

Die Erstellung eines Lapbooks kann in **Einzel-, Partner- oder Gruppenarbeit** erfolgen und eignet sich dadurch auch für den **inklusiven Unterricht**.

Bei der Präsentation eines Lapbooks wird aufgrund des interaktiven Aspekts die **Neugier** bei dem Betrachter geweckt, immer wieder etwas Neues zu entdecken.

Lapbooks sind nach der Erarbeitung auch ideal zum **Lernen und Wiederholen** von Inhalten.
Die Lösungen sind durch die Klappen zunächst abgedeckt. Die Schüler nennen die Lösungen und können diese eigenständig durch das Öffnen überprüfen.

Durch die Minibücher können **viele Informationen** zu einem Thema auf **wenig Platz** präsentiert werden. Das Lapbook wird auf DIN-A4-Größe gefaltet und passt, im Gegensatz zu einem herkömmlichen Plakat, in jeden Hefter. Als praktikabel hat sich die Aufbewahrung in einer Prospekthülle erwiesen.

* Aus Gründen der besseren Lesbarkeit haben wir in diesem Buch durchgehend die männliche Form verwendet. Natürlich sind damit auch immer Frauen und Mädchen gemeint, also Lehrerinnen, Schülerinnen etc.

Hinweise zum Einsatz des Kirchenjahr-Lapbooks

Thematische Inhalte

In ihrem Kirchenjahr-Lapbook sammeln, dokumentieren und präsentieren die Schüler ihre Lern- und Arbeitsergebnisse zu allen lehrplanrelevanten Festen des Kirchenjahres in einer individuellen Entdeckermappe.

40 Faltvorlagen rund um das Kirchenjahr bieten den Kindern Faltanleitungen und Impulse zur selbstständigen Erarbeitung des Themas. Die Impulse werden dabei sowohl für das evangelische als auch für das katholische Kirchenjahr angeboten. Sie regen die Schüler an, Inhalte zu recherchieren, zu strukturieren und zu gestalten.

Die inhaltlichen Angebote haben verschiedene Schwerpunkte:

1. **Das Kirchenjahr im Überblick:** Festkreise, Fest-Steckbriefe, Farben des Kirchenjahres, Termine usw.
2. **Mein Kirchenfest:** universelle Vorlagen zur Recherche aller Feste
3. **Feste des Kirchenjahres:** themenspezifische Angebote zu den einzelnen Festen des Kirchenjahres

Diese Schwerpunkte können unterschiedlich eingesetzt werden:

- Die Schüler gestalten mithilfe des ersten Schwerpunkts während der Unterrichtseinheit „Das Kirchenjahr" ein Lapbook über das Kirchenjahr im Überblick.
- Die Schüler gestalten während eines Schuljahres oder über mehrere Schuljahre hinweg ein umfangreiches Lapbook über alle Feste. Nachdem ein Fest behandelt wurde, wird das Minibuch in das Lapbook geklebt.
- Die Schüler erarbeiten und vertiefen ein bestimmtes Fest des Kirchenjahres selbstständig, z. B. während einer Einheit zu einem Fest oder als interessendifferenziertes Projekt innerhalb der Erarbeitung des gesamten Kirchenjahres, das sie ihren Mitschülern im Anschluss vorstellen.
- Die Schwerpunkte werden miteinander kombiniert:
  - Die Faltvorlagen „Mein Kirchenfest" können während der gemeinsamen Erarbeitung über das Schuljahr eingesetzt werden.
  - Bei der selbstständigen Projektarbeit über ein Fest erhalten die Schüler ebenfalls die festspezifische Faltvorlage zur Reflexion.
  - Es wird ein Portfolio über die gesamte Grundschulzeit angelegt. Die Schüler sammeln in ihrem Lapbook alles, was sie in der Grundschule über das Kirchenjahr gelernt haben, und legen sich damit eine umfangreiche Merkstoffsammlung an.

Einsatz im Unterricht

Lehrerzentrierter Unterricht

Das Lapbook wird begleitend zur Unterrichtseinheit erstellt. In jeder Unterrichtsstunde wird ein Teilthema behandelt. Zur Ergebnissicherung gestaltet jeder Schüler ein Minibuch.

Offener Unterricht

Die Schüler erarbeiten sich ihr Lapbook selbstständig über mehrere Unterrichtsstunden hinweg. Dazu recherchieren sie die Inhalte selbst (siehe Hinweise zu benötigtem Zusatzmaterial).

TIPP *Aufgrund der Vielfalt der Kopiervorlagen und Schwerpunktsetzung ist es möglich, eine Vorauswahl zu treffen und Pflicht- und Wahlthemen festzulegen. Durch das Auswählen von Teilthemen können die Schüler differenziert und individuell arbeiten. Zusätzliche Leervorlagen können zur Gestaltung eigener Ideen angeboten werden (Vorlagen finden Sie im Buch „Lapbooks im Grundschulunterricht", ISBN 978-3-8346-3790-1).*

TIPP *Um ein Lapbook in Grundfaltung zu füllen, müssen ca. acht Minibücher gestaltet werden.*

TIPP *Bieten Sie die Faltvorlagen in einem Stationsbetrieb an. An jeder Station erarbeiten sich die Schüler ein Minibuch. Dazu finden sie alle notwendigen Materialien an der Station.*

Sozialformen

Die Lapbook-Arbeit kann in **Einzel-, Partner- oder Gruppenarbeit** durchgeführt werden. Damit jeder Schüler auf das erarbeitete Wissen zurückgreifen kann, sollte er auch während einer Gruppenarbeit ein eigenes Lapbook gestalten.

Benötigtes Informationsmaterial

Zum Schwerpunkt „Kirchenjahr im Überblick" finden Sie neun Infokarten.

TIPP *Vergrößern und laminieren Sie die Infokarten im DIN-A4-Format.*

Biblische Geschichten können zuvor als Lehrererzählung angeboten oder von den Schülern im Lehrbuch bzw. einer Kinderbibel nachgelesen werden.

TIPP *Stellen Sie den Kindern für die selbstständige Erarbeitung der Inhalte eine Medienbox mit Lehrbüchern, Lexika, Sachbüchern, Kinderbibeln usw. zur Verfügung oder lassen Sie sie eine Internetrecherche durchführen. Dabei helfen Ihnen z. B. die folgenden Seiten.*

Hier bekommen Sie einen Überblick über das Kirchenjahr und Informationen zu evangelischen sowie katholischen Festen:

- *www.religion-entdecken.de*
- *www.weltgebetstag.de*
- *www.medienwerkstatt-online.de/lws_wissen („Kirchenjahr" in Suchmaske eingeben)*

Hier finden Sie Informationen zum evangelischen Kirchenjahr:

- *www.kirche-entdecken.de*

Hier finden Sie Informationen zum katholischen Kirchenjahr:

- *www.ministrantenportal.de/wissen/kirchenjahr/index.html*
- *www.sternsinger.de*

Material für den Umschlag

- mind. 1 farbiger DIN-A3-Karton je Schüler
- mind. 1 farbiges DIN-A4 Kopier- oder Tonpapier
- A4-Tonkarton und Tonkartonreste zum Ankleben von zusätzlichen Klappen

TIPP *Wenn das Lapbook über eine längere Zeit angelegt werden soll, können mehrere Umschläge in Grundfaltung zusammengeklebt werden. Thematisch bietet sich dafür ein Lapbook-Umschlag in Kirchenform an* *(siehe S. 13).*

TIPP *Für das Anbringen von Klappen bietet sich am besten breites Papier- oder Stoffklebeband (z. B. Washi Tape oder farbiges Malerkrepp) an. Rechnen Sie damit, dass Ihre Schüler beim Befestigen der Klappen Ihre Hilfe benötigen.*

Material für die Minibücher

- Kleber, Schere, Bunt- und Schreibstifte
- Musterklammern, Heftgerät, Locher

Benötigtes Zusatzmaterial wird in der Gesamtübersicht (siehe S. 6–10) aufgeführt.

TIPP *Basteln Sie die Minibücher als Muster vor, um den Schülern das Falten zu erleichtern.*

Aufbewahrung der fertigen Lapbooks

Durch das Zusammenfalten auf DIN-A4-Größe kann das Lapbook in einer Prospekthülle im Hefter aufbewahrt werden.

Präsentation der Lapbooks

Möglich sind z. B. ein Kurzvortrag, ein gemeinsamer Austausch im Kugellager, Anschauen während eines Museumsrundgangs oder die Ausstellung der Lapbooks im Klassenzimmer. Die Lapbooks kön-nen auch am Elternabend den Eltern vorgestellt werden.

Üben und Wiederholen mit den Lapbooks

Das Lapbook wird zur Sammlung des Merkstoffes über das Kirchenjahr. Die Schüler nennen die Lösungen und überprüfen diese eigenständig durch das Öffnen der Klappen.

Hinweis: Bevor das Lapbook zum Üben eingesetzt wird, sollten Sie die eingetragenen Ergebnisse auf Richtigkeit überprüfen!

TIPP *Setzen Sie die erarbeiteten Inhalte des Lapbooks zur Wiederholung im neuen Schuljahr ein.*

Bewertung der Lapbooks

Für die Lapbook-Arbeit bietet sich eine prozess- und ergebnisorientierte Leistungseinschätzung mit einem Bewertungsbogen (siehe S. 18) an, um den Schülern eine Rückmeldung zu ihrem Lernprozess zu geben. Folgende Kriterien sind für das Kirchenjahr-Lapbook möglich:

- Arbeitsverhalten während der Gestaltung
- Gestaltung (schneiden, falten, kleben, malen) des Lapbooks
- inhaltliche Erarbeitung (Richtigkeit Informationen, Recherche)
- Präsentation (mündlicher Vortrag)

Eine angeleitete Selbstreflexion hilft den Schülern, ihren Lernprozess auszuwerten (siehe S. 15).

TIPP *Erklären Sie die Kriterien für die Bewertung bereits zu Beginn der Lapbook-Arbeit. Hängen Sie den Bewertungsbogen auch im Klassenzimmer aus.*

TIPP *Geben Sie den Selbstbewertungsbogen bereits in den letzten Stunden vor der Abgabe des Lapbooks an die Kinder aus, damit sie die Möglichkeit haben, noch Veränderungen an ihrem Lapbook vorzunehmen. Der Bogen kann mehrmals gefaltet und mit in das Lapbook geklebt werden.*

TIPP *Der Bewertungsbogen kann auf der Lapbook-Rückseite aufgeklebt werden.*

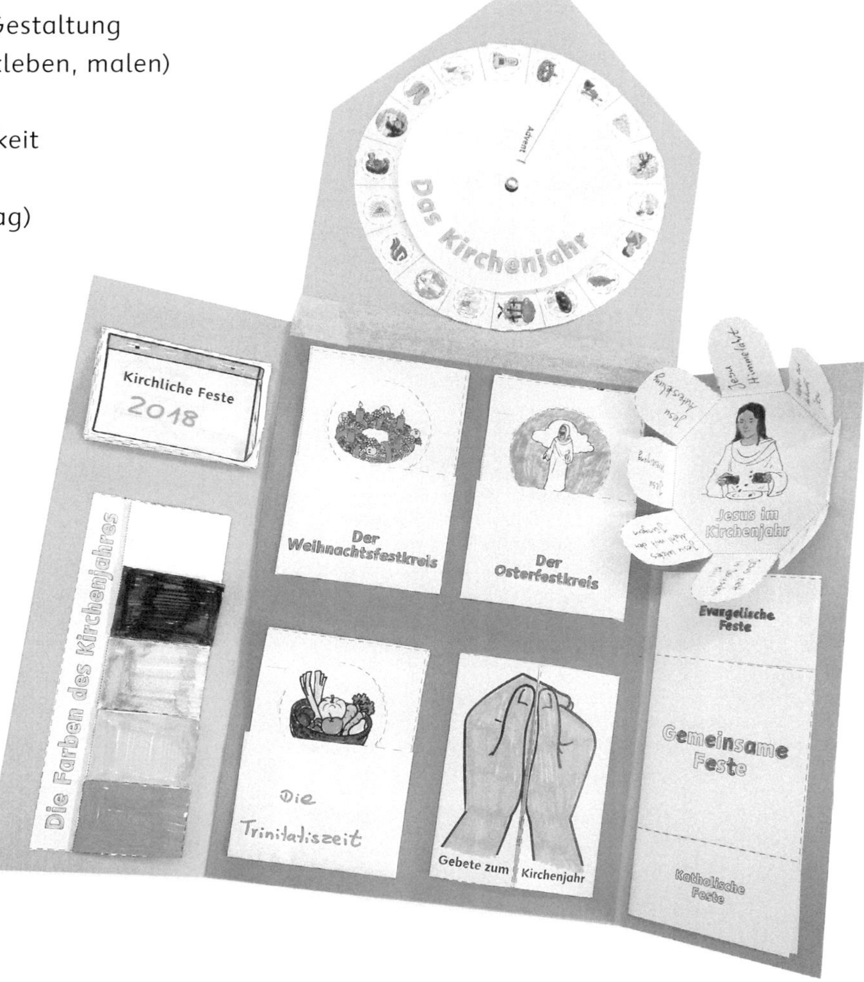

Übersicht der Kopiervorlagen

Allgemeine Vorlagen

Material	Beschreibung	Verwendungsmöglichkeiten	Zusatzmaterial
Symbole (S. 14)	Erklärung der Symbole auf den Kopier-vorlagen	✓ Aushang im Klassenzimmer ✓ Erklärung zu Beginn der Arbeit	
Faltanleitung Lapbook (S. 15)	Anleitung zum Falten eines einfachen Umschlags in Form einer Kirche	✓ Kopien für die Schülerhand ✓ gemeinsames Falten beim erst-maligen Gestalten eines Lapbooks	für jeden Schüler: **einfache Faltung:** ♦ ein farbiger A3-Karton ♦ ein farbiges A4-Blatt **Kirchenform:** ♦ 3 farbige A3-Kartons ♦ ein farbiger A4 Karton ♦ 3 farbige DIN-A4-Blätter
Deckblatt (S. 16)	Vorlage für das Deckblatt mit Titel, Name, Klasse, Fach	✓ Kopien für die Schülerhand ✓ Vorlage als Beispiel	
So ist mein Kirchenjahr-Lapbook (S. 17)	Einschätzung ihres eigenen Lernprozesses durch die Schüler während der Erstel-lung bzw. nach Fertigstellung des Lapbooks	✓ Kopien für die Schülerhand ✓ Schüler schätzen ihre Lapbook-arbeit mit Smileys ein ✓ mehrmals falten und als Minibuch auf das Lapbook kleben	
Bewertung deines Kirchenjahr-Lapbooks (S. 18)	Urkunde mit Kriterien zur prozess- und ergebnisorientierten Leistungseinschätzung	✓ Bewertungsbogen nach Fertig-stellung der Lapbooks ✓ evtl. auf die Lapbook-Rückseite kleben	♦ evtl. Tonkartonreste

Infokarten

Material	Verwendungsmöglichkeiten	Zusatzmaterial
① **Das evangelische Kirchenjahr** (S. 19) ② **Die Farben des evangelischen Kirchenjahres** (S. 19) ③ **Das katholische Kirchenjahr** (S. 20) ④ **Die Farben des katholischen Kirchenjahres** (S. 20) ⑤ **Der Weihnachtsfestkreis** (S. 21) ⑥ **Der Osterfestkreis** (1 und 2) (S. 21/22) ⑦ **Die Trinitatiszeit** (evangelisch) (1 und 2) (S. 22/23) ⑧ **Die Zeit im Kirchenjahr** (katholisch) (1 und 2) (S. 23/24) ⑨ **Der dreieine Gott** (S. 24)	✓ Sachtexte für die Erarbeitung des Schwerpunktes „Kirchenjahr im Überblick" und kurze Steckbriefe über die einzelnen Feste des Kirchenjahres ✓ Karten auf DIN A4 kopieren und zum mehrmaligen Gebrauch laminieren ✓ zur selbstständigen Erarbeitung im Klassenzimmer auslegen oder als Kartei zur Verfügung stellen ✓ als Kopien für die Schülerhand ausgeben ✓ zur Differenzierung wichtige Stich-wörter in den Texten zuvor farbig markieren	♦ Laminierfolien oder Prospekthüllen ♦ Karteikasten

Faltvorlagen zum gesamten Kirchenjahr

Faltvorlage	Inhaltliche Schwerpunkte	Zusatzmaterial *(Lehrer)*
Kirchliche Feste in diesem Jahr (S. 25/26)	✓ Termine für die Kirchenjahresfeste im aktuellen Kalender herausfinden ✓ Daten im Kalender markieren und Feste eintragen	♦ verschiedene Kalender mitbringen lassen ♦ Heftgerät
Das Kirchenjahr **Das evangelische Kirchenjahr** (S. 27 und 29) **Das katholische Kirchenjahr** (S. 28/29)	✓ Festen des Kirchenjahres die passenden Symbole zuordnen ✓ evtl. Feste mit Farben des Kirchenjahres ausmalen	♦ Musterklammern ♦ Infokarten 5–7 *(evangelisch)* ♦ Infokarten 5, 6 und 8 *(katholisch)* ♦ evtl. Infokarte 2 *(evangelisch)* oder Infokarte 4 *(katholisch)* für die Farben des Kirchenjahres
Die Farben des Kirchenjahres (S. 30)	✓ Farben des Kirchenjahres benennen und deren Bedeutung kennenlernen	♦ Infokarte 2 *(evangelisch)* ♦ Infokarte 4 *(katholisch)*
Jesus als Mittelpunkt des Kirchenjahres (S. 31)	✓ Jesus als Mittelpunkt des Kirchenjahres wahrnehmen ✓ Jesusfeste mit biblischen Inhalten verbinden	♦ evtl. Infokarten 5–8
Marienfeste *(katholisch)* (S. 32)	✓ Maria als wichtige Heilige im katholischen Kirchenjahr wahrnehmen ✓ Marienbild mit den typischen Farben weiß-blau oder rot-blau ausmalen ✓ Marienfeste des Kirchenjahres mit Datum notieren	♦ aktueller Kalender ♦ Infokarte 3
Die Festkreise des Kirchenjahres (S. 33–36)	✓ Feste des Kirchenjahres den einzelnen Festkreisen zuordnen: *Evangelisch:* Weihnachtsfestkreis, Osterfestkreis, Trinitatiszeit *Katholisch:* Weihnachtsfestkreis, Osterfestkreis, Zeit im Kirchenjahr ✓ Kurze Steckbriefe zum jeweiligen Fest schreiben (Termin, Farbe, Anlass ...) ✓ Karten evtl. im Verlauf des Schuljahres ausfüllen **Hinweis:** Vorlage 2/4 5-mal je Schüler kopieren oder als Schablone zur Verfügung stellen **Alternative:** Die Schüler falten ein DIN-A4-Blatt 3-mal zur Mitte und zerteilen es in 8 Rechtecke (ca. 7,5 x 9,5 cm). **Hinweis:** bei Vorlage 4/4 je nach Konfession die Symbole des evangelischen bzw. katholischen Kirchenjahres vor dem Kopieren abdecken	♦ Infokarten 5–7 *(evangelisch)* ♦ Infokarten 5, 6 und 8 *(katholisch)* ♦ evtl. 2 DIN-A4-Blätter je Schüler
Katholische und evangelische Feste (S. 37)	✓ Gemeinsamkeiten und Unterschiede des katholischen und evangelischen Kirchenjahres benennen	♦ Infokarte 1 oder 3

Allgemeine Faltvorlagen für jedes Fest im Kirchenjahr

Faltvorlage	Inhaltliche Schwerpunkte	Zusatzmaterial *(Lehrer)*
Meine Gebete (S. 38)	✓ Gebete zu verschiedenen Festen des Kirchenjahres sammeln ✓ Gebete selbst schreiben oder fertige Gebete schreiben und gestalten ✓ evtl. für den schuljahresübergreifenden Einsatz des Lapbooks verwenden	♦ Gebete zu verschiedenen Festen des Kirchenjahres ♦ Spruchkarten
Die Farbe des Kirchenfestes (S. 39)	✓ zum Fest passende Farbe des Kirchenjahres und deren Bedeutung herausfinden ✓ *evangelisch:* Altar in der Kirchenjahresfarbe und mit typischen Altargegenständen schmücken ✓ *katholisch:* Kleidung eines kath. Priesters und Ministranten in der Farbe des Kirchenjahres ausmalen	♦ Infokarte 2 *(evangelisch)* ♦ Infokarte 4 *(katholisch)*
Kalenderblatt und Kirchenfenster (S. 40)	**Kalenderblatt**: ✓ Termin des Kirchenfestes herausfinden ✓ Begründung für den Termin formulieren **Kirchenfenster:** ✓ biblischen, historischen oder theologischen Hintergrund herausfinden und kurzen Text schreiben ✓ Kirchenfenster passend zum Hintergrund des Festes gestalten	♦ Infokarten 5–8
Bräuche und Traditionen (S. 41)	✓ Bräuche und Traditionen des Festes recherchieren ✓ kurze Texte schreiben, Bilder malen oder einkleben	♦ Informationsmaterial über Bräuche und Traditionen des Festes
Festgottesdienst (S. 42)	✓ Ausgestaltung eines Festgottesdienstes beschreiben und gestalten (biblische Texte, Lieder, Kirchenschmuck, Besonderheiten, eigene Erlebnisse ...) ✓ Interview mit einem Gemeindemitarbeiter planen und durchführen	♦ evtl. Gemeindebriefe
Symbole und ihre Bedeutung (S. 43)	✓ über Symbole eines Kirchenjahresfestes informieren ✓ zwei Symbole eines Festes des Kirchenjahres zeichnen und erklären	♦ Informationsmaterial und Bilder über (evtl. vorgegebene) Symbole des Festes
Kirchenjahresquiz (S. 44)	✓ Ergebnissicherung der erarbeiteten Inhalte ✓ Wissensfragen und Antworten zum Kirchenjahr oder einem ausgewählten Fest formulieren	♦ Musterklammern

Faltvorlagen zu den einzelnen Festen im Kirchenjahr

Faltvorlage	Inhaltliche Schwerpunkte	Zusatzmaterial *(Lehrer)*
► *Advent*		
Mein Adventskranz (S. 45)	✓ Adventskranz mit typischen Gegenständen schmücken ✓ Advent als „Warten" auf die Geburt Jesu verstehen ✓ eigene Gedanken/Gefühle über das Warten in der Adventszeit formulieren	♦ evtl. Bilder eines Adventskranzes oder Original als Beispiel
Sankt Nikolaus		
Nikolauslegenden (S. 46)	✓ Legenden über Bischof Nikolaus als historische Gestalt kennenlernen ✓ Bilder zu Legenden malen ✓ weitere Legenden erzählen und malen	♦ evtl. zusätzliche Nikolauslegenden erzählen
Eine kleine Nikolausfreude (S. 47)	✓ besondere Tat zum Nikolaustag für eine selbst gewählte Person überlegen	

Weihnachten		
Die Weihnachtsgeschichte (S. 48/49)	✓ Szene der biblischen Weihnachtsgeschichte darstellen ✓ wichtige Figuren bzw. Gegenstände der Weihnachtsgeschichte benennen und erklären	♦ Weihnachtsgeschichte erzählen oder lesen
Jesus als Licht der Welt (S. 50)	✓ Symbol „Licht" für Jesus kennenlernen und deuten ✓ Beispiele für Licht- und Dunkelsituationen finden ✓ eigene Möglichkeiten finden, für andere ein Licht zu werden	
Heilige Drei Könige / Erscheinung des Herrn		
Die Weisen aus dem Morgenland (S. 51)	✓ biblische Geschichte der drei Weisen aus dem Morgenland nacherzählen oder zeichnen	♦ biblische Geschichte erzählen oder lesen
Die Sternsinger (S. 52)	✓ aktuellen Segensspruch ergänzen und Bedeutung des Spruchs erklären ✓ Aufgaben der Sternsinger beschreiben ✓ über aktuelle Sternsingeraktion informieren	♦ Infokarte 5 ♦ aktuelle Informationen zur Sternsingeraktion z. B. im Internet unter: *www.sternsinger.de*
Weltgebetstag der Frauen		
Der Weltgebetstag in diesem Jahr (S. 53)	✓ über den Weltgebetstag informieren ✓ Steckbrief mit wichtigen Informationen über aktuelles Land des Weltgebetstags erstellen	♦ aktuelle Informationen zum Weltgebetstag im Internet (*www.weltgebetstag.de*) oder durch Informationsmaterial der Kirchengemeinde
Aschermittwoch/Fastenzeit		
Die Fastenzeit (S. 54)	✓ Verzicht in der Fastenzeit auf eigene Person übertragen ✓ sich der Schwierigkeit des Verzichtens bewusst werden	
Karwoche		
Die Karwoche (S. 55)	✓ Bedeutung des Wortes „Karwoche" kennen ✓ biblische Geschichten den Tagen der Karwoche (Palmsonntag, Gründonnerstag, Karfreitag, Karsamstag) zuordnen ✓ biblische Geschichten in einem Satz wiedergeben	♦ evtl. Infokarte 6
Mein Sorgen- oder Hoffnungskreuz (S. 56)	✓ verschiedene Bedeutungen des Kreuzes als Symbol kennenlernen ✓ eigenen Kummer oder erlebte traurige Situationen als Sorgenkreuz gestalten ✓ eigene Hoffnungen für die Welt und die Menschen als Hoffnungskreuz gestalten ✓ symbolische Bedeutung des gewählten Kreuzes mit Gefühlsfarben ausdrücken	
Ostern		
Jesus lebt! (S. 57)	✓ Geschichte der Emmaus-Jünger wiederholen ✓ Gedanken und Gefühlen der Emmaus-Jünger vor und nach der Begegnung mit Jesus formulieren	♦ evtl. Emmaus-Geschichte erzählen oder lesen
Jesus als Vorbild (S. 58)	✓ Osterkerze als Symbol für Jesus kennenlernen ✓ Jesusgeschichten als Beispielgeschichten für den Umgang miteinander reflektieren	♦ evtl. Kinderbibel oder Religionshefte mit behandelten Jesusgeschichten
Christi Himmelfahrt		
Was bedeutet „Himmel"? (S. 59)	✓ Unterschied zwischen dem sichtbaren und unsichtbaren Himmel Gottes kennenlernen ✓ eigene Vorstellungen über den Himmel Gottes zeichnen oder beschreiben	
Pfingsten		

Die Pfingstgeschichte (S. 60/61)	✓ Ereignisse der biblischen Pfingstgeschichte nach Apg 2 in der richtigen Reihenfolge sortieren ✓ zu jedem Ereignis ein passendes Symbol oder Bild malen **Hinweis:** Vorlage möglichst auf A3 kopieren	♦ evtl. Apg 2 zum Nachlesen (Kinderbibel, Lehrbuch)
Der Heilige Geist macht Mut (S. 62)	✓ Heiligen Geist als „Mutmacher" kennenlernen ✓ Taube als Symbol des Heiligen Geistes kennenlernen ✓ zu einem Bild, das Schwierigkeiten im Miteinander zeigt, eine „Mut-Geschichte" schreiben	
Trinitatis / Dreifaltigkeitssonntag		
Der dreieine Gott (S. 63)	✓ Trinität Gottes kennenlernen ✓ biblische Bilder für Gott als Vater, Sohn und Heiligen Geist nachlesen ✓ Bilder auswählen und zeichnen	♦ Infokarte 9
Fronleichnam		
Blumenteppich für Fronleichnam (S. 64)	✓ Blumenteppich als Tradition an Fronleichnam kennen ✓ eigenen Blumenteppich mit Jesusgeschichten oder christlichen Symbolen gestalten	♦ Bilder von Blumenteppichen im Internet recherchieren
Erntedank		
Danke für ... (S. 65)	✓ Gott für Dinge, Personen, Gefühle, Situationen danken ✓ Bild malen, Bilder einkleben oder schreiben	♦ evtl. Prospekte zum Ausschneiden
Reformationstag		
Meine Thesen (S. 66)	✓ eigene Einstellung zur Kirche formulieren ✓ Kritik an der Kirche äußern	
Allerheiligen		
Ein Ehrentag für die Heiligen (S. 67)	✓ Informationen über einen Heiligen recherchieren ✓ Steckbrief über den ausgewählten Heiligen erstellen (Gedenktag, Schutzpatron, Leben, Wirken, Legenden, Brauchtum)	♦ Heiligenlexikon oder PC mit Internetanschluss (z. B. *www.heiligenlexikon.de*)
Ewigkeitssonntag/Allerseelen		
In Erinnerung (S. 68)	✓ über Gedenken an die Verstorbenen in der Familie oder der Gemeinde schreiben	
Sankt Martin		
Die Legende von Sankt Martin (S. 69)	✓ Legende von der Mantelteilung kennen ✓ Bilder zu Sätzen der Legende malen	♦ evtl. Legende vorher erzählen
Teilen wie Sankt Martin (S. 70)	✓ über Situationen, in denen die Schüler geteilt haben, nachdenken ✓ Gefühle beim Teilen reflektieren ✓ Ideen zum Teilen sammeln	
Buß- und Bettag		
Es tut mir leid ... (S. 71)	✓ über eigene Fehler nachdenken ✓ Möglichkeiten finden, diese künftig zu vermeiden	
Ewigkeitssonntag		
In Erinnerung → siehe Allerseelen (S. 68)	✓ über Gedenken an die Verstorbenen in der Familie oder der Gemeinde schreiben	
Christkönig		
Jesus, unser König (S. 72)	✓ Eigenschaften eines Königs finden ✓ die Eigenschaften „mächtig" und „gerecht" auf biblische Geschichten von Jesus anwenden	

Kopiervorlagen

Lapbook: © Doreen, Sophie und Vincent Blumhagen,
Schere: © Verlag an der Ruhr

Symbole

Diese Symbole findest du auf den Materialien. Sie bedeuten:

Schneide- und Faltvorlage:
Schneide die Vorlage aus und falte diese wie angegeben.

Schneidelinie: _ _ _ _ _ _ _ _ _ _ _ _
Faltlinie: ------------------------------------

Klebe die Vorlage wie angegeben zusammen.
Klebeflächen, die direkt auf dein Lapbook geklebt werden:

Klebefläche Lapbook

Bearbeite die Aufgabe und fülle das Minibuch entsprechend aus.

Für die Bearbeitung dieser Aufgabe benötigst du eine **Infokarte**.

Für die Bearbeitung dieser Aufgaben musst du **Informationen recherchieren**, zum Beispiel in Lehrbüchern, Lexika oder im Internet.

Viel Spaß!

Faltanleitung Lapbook

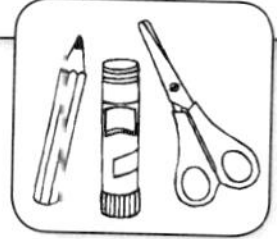

Du brauchst:

- 1 farbigen A3-Tonkarton
- 1 farbiges A4-Kopierpapier
- Klebeband
- Tonkartonreste
- Kleber
- Schere

① Falte den A3-Tonkarton in der Mitte.
② Öffne den Tonkarton wieder. Falte nun beide Seiten zur Mitte.
③ Klebe ein farbiges A4-Kopierpapier in die Mitte.
④ Wenn du mehr Platz benötigst, klebst du mit Klebeband weitere Klappen an.

①

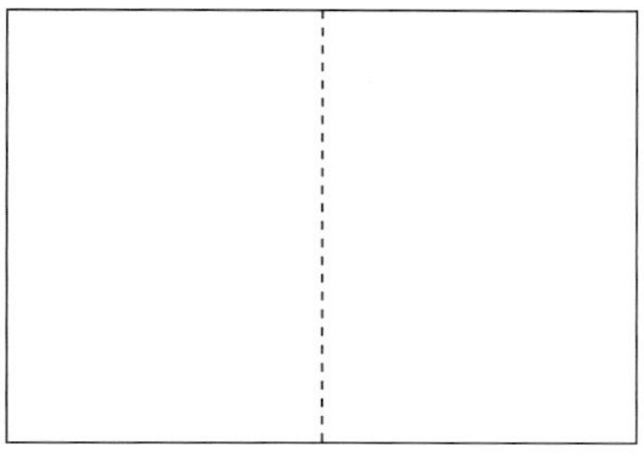

②

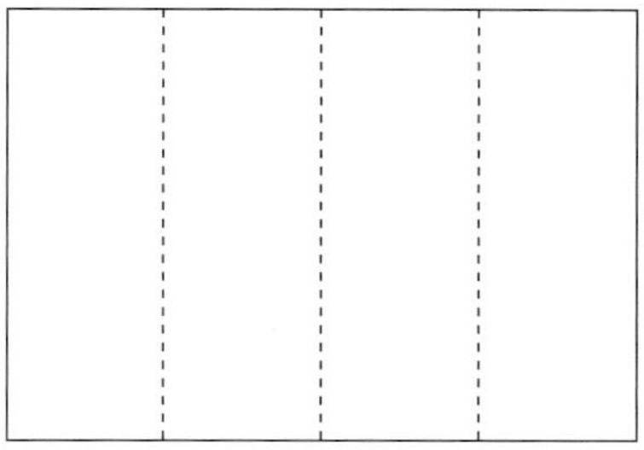

③

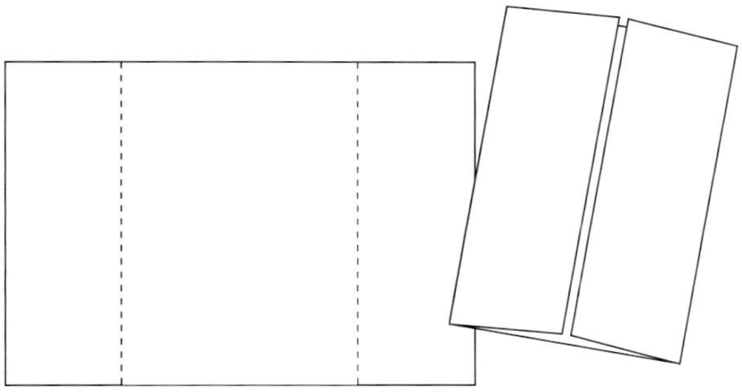

④
Zusatz-
klappe
Zusatz-
klappe

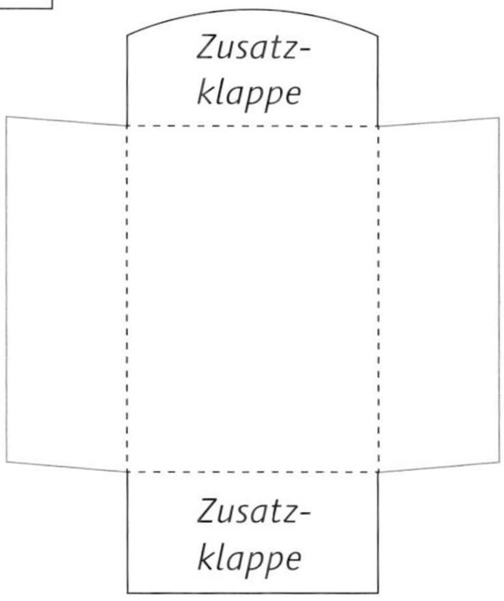

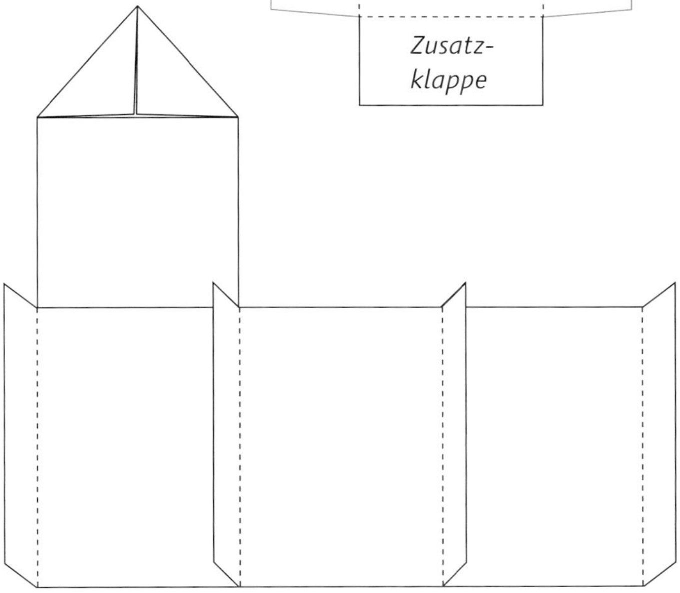

TIPP Falte deinen Lapbook-Umschlag als Kirche. Klebe dazu drei gefaltete A3-Kartons an den Seitenklappen zusammen. Für den Turm klebst du mit Klebeband einen A4-Karton an die obere Kante des linken Kartons. Für die Turmspitze faltest du die oberen Kanten als Dreieck zur Mitte.

© Verlag an der Ruhr | Autorin: Doreen Blumhagen | ISBN 978-3-8346-3793-2 | www.verlagruhr.de

Deckblatt

① Schneide die Vorlagen aus und klebe sie auf die Titelseite deines Lapbooks.

❷ **Ergänze die Angaben mit deinen Daten.**

❸ **Gestalte die Titelseite passend zum gesamten Kirchenjahr oder zu deinem Fest des Kirchenjahres.**

TIPP Du kannst zum Beispiel Fotos oder Bilder aufkleben, Symbole des Festes oder des Kirchenjahres zeichnen.

TIPP Wenn du ein bestimmtes Fest des Kirchenjahres in deinem Lapbook vorstellst, kannst du für den Umschlag die passende Farbe des Kirchenjahres auswählen.

Mein Kirchenjahr-Lapbook

Name: ....

Klasse: ....

Fach: ....

Datum: ....

So ist mein Kirchenjahr-Lapbook

Name: .... **Klasse:** .... **Datum:** ....

Schätze ein, wie du die einzelnen Aufgaben erfüllt hast.

Ich habe ausdauernd und selbstständig gearbeitet.	☺	😐	☹
Ich habe sauber und ordentlich gearbeitet.	☺	😐	☹
Ich habe mindestens .... Minibücher bearbeitet.	☺	😐	☹
Ich habe unsere Arbeitsregeln eingehalten.	☺	😐	☹
Meine Lapbook-Mappe passt zum Thema.	☺	😐	☹
Ich habe eigene Ideen und Bilder eingebracht.	☺	😐	☹

Das ist mir schwergefallen:

....

....

....

....

Das ist mir leichtgefallen:

....

....

....

....

So gefällt mir mein Lapbook insgesamt: ☺ 😐 ☹

Bewertung deines Kirchenjahr-Lapbooks

☺ = *meistens (2 Punkte)* 😐 = *teilweise (1 Punkte)* ☹ = *nie (0 Punkte)*

Name: .... **Klasse:** .... **Zeitraum:** ....

Thema: ....

Wie hast du an deinem Lapbook gearbeitet?				**P**
☺ 😐 ☹	Du hast selbstständig gearbeitet.	☺ 😐 ☹	Du hast bei Problemen nach Lösungen gesucht.	
☺ 😐 ☹	Du hast konzentriert und ausdauernd gearbeitet.	☺ 😐 ☹	Du hast gut mit anderen zusammengearbeitet.	
☺ 😐 ☹	Du hast unsere Regeln eingehalten.			
Wie hast du dein Lapbook gestaltet?				**P**
☺ 😐 ☹	Du hast sauber geschnitten, gefaltet und geklebt.	☺ 😐 ☹	Du hast deine Minibücher sinnvoll angeordnet.	
☺ 😐 ☹	Deine Gestaltung passt zum Thema.	☺ 😐 ☹	Du hast sauber geschrieben und gemalt.	
Wie hast du das Thema erarbeitet?				**P**
☺ 😐 ☹	Du kennst viele Informationen zum Fest oder zum ganzen Kirchenjahr.	☺ 😐 ☹	Du hast die Informationen sinnvoll und richtig dargestellt.	
☺ 😐 ☹	Du hast alle Pflichtthemen bearbeitet.	☺ 😐 ☹	Du hast Fachbegriffe verwendet.	
☺ 😐 ☹	Du hast .... Wahlthemen bearbeitet.	☺ 😐 ☹	Du hast eigene Inhalte und Ideen ergänzt.	
Wie hast du dein Lapbook präsentiert?				**P**
☺ 😐 ☹	Deine Präsentation war sinnvoll aufgebaut.	☺ 😐 ☹	Du hast verständlich, frei und in Sätzen gesprochen.	
☺ 😐 ☹	Deine Präsentation war anschaulich und interessant.	☺ 😐 ☹	Du hast Fragen beantwortet.	
☺ 😐 ☹	Du hast Blickkontakt gehalten und hattest eine gute Körperhaltung.			
Wie hast du dein Lapbook selbst eingeschätzt?				**P**
☺ 😐 ☹	Du hast dein Lapbook gut eingeschätzt.			
Was ist an deinem Lapbook besonders?				**P**
Diesen Tipp habe ich für dich:				

Gesamtpunktzahl: .... **Note:** .... **Unterschrift der Eltern:** ....

Vorlagen Infokarten 1/6

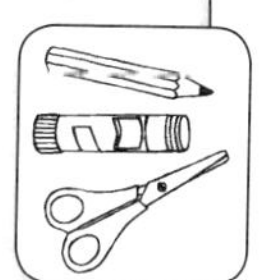

Infokarte 1

Das evangelische Kirchenjahr

Das Kirchenjahr hat mit seinen Festen einen eigenen Ablauf. Es beginnt nicht am 1. Januar, sondern am 1. Advent und endet am Ewigkeitssonntag.

Das evangelische Kirchenjahr ist in drei Festkreise eingeteilt: den Weihnachtsfestkreis, den Osterfestkreis und die Trinitatiszeit.

Jesus spielt im Kirchenjahr eine wichtige Rolle. Viele Feste erinnern uns an sein Leben, seinen Tod und seine Auferstehung. Deshalb sagt man auch, Jesus ist der Mittelpunkt des Kirchenjahres.

Viele Feste, wie Weihnachten oder Ostern, gibt es auch in der katholischen Kirche. Das Reformationsfest, Buß- und Bettag und den Ewigkeitssonntag gibt es jedoch nur in der evangelischen Kirche. In der katholischen Kirche sind auch noch andere Feste, wie Allerheiligen/Allerseelen, verschiedene Marienfeste, Fronleichnam und der Christkönigssonntag, wichtig.

Das Erscheinungsfest und der Dreifaltigkeitssonntag haben einen anderen Namen. Sie heißen in der evangelischen Kirche „Dreikönigsfest“ und „Trinitatisfest“.

Infokarte 2

Die Farben des evangelischen Kirchenjahres

Für die Feste des Kirchenjahres gibt es besondere Farben. In den Kirchen sehen wir das an den Tüchern am Altar oder an der Kanzel. Diese heißen Paramente. Jede Farbe hat eine besondere Bedeutung.

- **Weiß** ist die Farbe der Freude über Jesus. Jesusfeste, wie Weihnachten, das Dreikönigsfest, Ostern oder Himmelfahrt, haben deshalb die Farbe Weiß.
- **Schwarz** ist die Farbe der Trauer und weist auf den Tod (Jesu) hin. Am Karfreitag hängen deshalb schwarze Tücher in der Kirche, weil an diesem Tag Jesus am Kreuz gestorben ist.
- **Violett** steht immer für eine Zeit, in der wir uns auf etwas vorbereiten und nachdenken sollen. Dazu gehören die Adventszeit, die Passionszeit und der Buß- und Bettag.
- **Grün** bedeutet, dass Hoffnung und Segen wachsen und reifen. Deshalb steht die Farbe Grün für das Trinitatisfest, das Erntedankfest und den Ewigkeitssonntag.
- Die Farbe **Rot** erinnert an Feuer und die Kraft Gottes. An Pfingsten und zum Reformationstag wird deshalb die Kirche rot geschmückt.

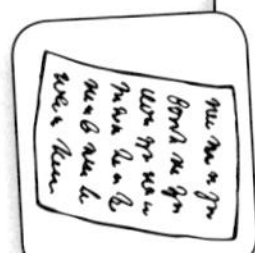

Das katholische Kirchenjahr

Infokarte 3

Das Kirchenjahr hat mit seinen Festen einen eigenen Ablauf. Es beginnt nicht am 1. Januar, sondern am 1. Advent und endet am Christkönigssonntag.
Das katholische Kirchenjahr ist in drei Festkreise eingeteilt: den Weihnachtsfestkreis, den Osterfestkreis und die Zeit im Jahreskreis. Die Zeit im Jahreskreis kommt dabei 2-mal vor, einmal nach dem Weihnachtsfestkreis und einmal nach dem Osterfestkreis.
Maria spielt im Kirchenjahr eine wichtige Rolle. Viele Feste, wie Mariä Geburt, Mariä Himmelfahrt und der Marienmonat Mai, erinnern uns an die Mutter Jesu.
Viele Feste, wie Weihnachten, Ostern oder Pfingsten, gibt es auch in der evangelischen Kirche.
Allerheiligen, Allerseelen, verschiedene Marien- und Heiligenfeste, Fronleichnam und den Christkönigssonntag gibt es jedoch nur in der katholischen Kirche.
In der evangelischen Kirche sind auch noch andere Feste, wie das Reformationsfest, der Buß- und Bettag und der Ewigkeitssonntag, wichtig. Feste wie der Dreikönigstag oder das Trinitatisfest haben einen anderen Namen. Sie heißen in der katholischen Kirche „Erscheinungsfest“ und „Dreifaltigkeitssonntag“.

Die Farben des katholischen Kirchenjahres

Infokarte 4

Für die Feste des Kirchenjahres gibt es besondere Farben. Diese sehen wir an den Messgewändern des Priesters oder der Ministranten. Jede Farbe hat eine besondere Bedeutung.

- **Weiß** ist die Farbe des Lichts und der Freude. Alle fröhlichen Feste, wie Weihnachten, das Erscheinungsfest, Gründonnerstag, Fronleichnam, Allerheiligen, der Christkönigssonntag und alle Heiligenfeste, haben deshalb die Farbe Weiß.
- **Schwarz** ist die Farbe der Trauer und wird an Allerseelen getragen.
- **Violett** steht immer für eine Zeit, in der wir uns auf etwas vorbereiten. Im Advent bereiten wir uns auf die Geburt Jesu vor, in der Fastenzeit auf die Kreuzigung und Auferstehung Jesu.
- **Grün** bedeutet, dass Hoffnung und Segen wachsen und reifen. Deshalb steht die Farbe Grün für das Erntedankfest, aber auch für alle anderen Sonntage während der Zeit des Jahreskreises.
- Die Farbe **Rot** erinnert an Blut und Feuer. Es wird am Palmsonntag, Karfreitag und zu Pfingsten getragen.

Vorlagen Infokarten 3/6

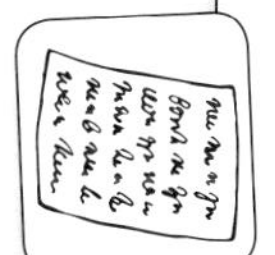
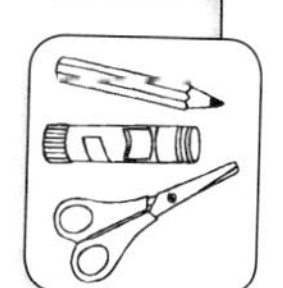

Der Weihnachtsfestkreis

Infokarte 5

Advent: Das lateinische Wort bedeutet „Ankunft". Wir bereiten uns auf Jesu Geburt vor. Der 1. Advent ist am 4. Sonntag vor Weihnachten und wir zünden die erste Kerze am Adventskranz an. Jeden Adventssonntag zünden wir eine weitere Kerze an. Die Lichter weisen auf Jesus hin. In der Bibel sagte er: „Ich bin das Licht der Welt."

Nikolaus: Vor 1600 Jahren lebte in Myra in der Türkei ein Bischof. Sein Name war Nikolaus. Er half armen Menschen und besonders Kindern. Am 6. Dezember feiern wir den Nikolaustag. Wir singen Lieder und bekommen kleine Geschenke.

Weihnachten: Die Christen feiern den Geburtstag von Jesus an drei Feiertagen: Den Heiligabend am 24. Dezember und die Weihnachtsfeiertage am 25. und 26. Dezember. In der alten deutschen Sprache hieß die „heilige Nacht" „wihe nacht". Am Heiligabend feiern wir Jesu Geburt. Er wurde in einem Stall bei Bethlehem geboren.

Dreikönigsfest: Drei weise Männer folgten einem Stern, der über dem Stall in Bethlehem stand. Sie beschenkten Jesus mit Gold, Weihrauch und der Gewürzpflanze Myrrhe. Die „Heiligen Drei Könige" waren wahrscheinlich Sterndeuter. Katholische Kinder verkleiden sich als Sternsinger. Sie singen, segnen die Häuser und sammeln Geld für die Armen.

Der Osterfestkreis (1/2)

Infokarte 6

Am **Aschermittwoch** beginnt die Fastenzeit. Sie dauert 40 Tage. An den Sonntagen wird nicht gefastet. Evangelische Christen nennen diese Zeit Passionszeit, bei den Katholiken heißt sie österliche Bußzeit. Wir denken an Jesu Leben vor seinem Tod. Viele Christen verzichten auf Speisen oder Dinge, wie Süßigkeiten oder Fernsehen.

Mit dem **Palmsonntag**, dem Sonntag vor Ostern, beginnt die Karwoche. „Kara" ist ein altes Wort für „Trauer". Wir erinnern uns daran, wie Jesus auf einem Esel in Jerusalem eingezogen ist. Die Menschen feierten ihn wie einen König und winkten ihm mit Palmblättern zu. Zur Erinnerung werden heute in der katholischen Kirche meist Buchsbaumsträuße gebunden und geweiht.

Gründonnerstag ist der Donnerstag vor Ostern. Dieser Tag hat seinen Namen von dem alten Wort „gronan", das „greinen" oder „weinen" heißt. Wir erinnern uns an das letzte Mahl, das Jesus mit seinen Jüngern gehabt hat. Deshalb feiern wir an diesem Tag das Abendmahl.

Der Freitag vor Ostern heißt **Karfreitag**. Er ist für Christen der wichtigste Feiertag. An diesem Tag erinnern wir uns an Jesu Leiden, seine Verurteilung und seinen Tod am Kreuz. Der Karfreitag ist ein Tag des Fastens und der Stille.

Vorlagen Infokarten 4/6

Der Osterfestkreis (2/2)

Infokarte 6

Ostern ist das wichtigste und älteste Fest des Kirchenjahres. Es wird nach dem ersten Vollmond im Frühling gefeiert. Am Ostersonntag und Ostermontag feiern wir die Auferstehung Jesu nach seinem Tod am Kreuz. Wir glauben, dass Gott Jesus zwei Tage nach seinem Tod wieder zum Leben erweckt hat. In der Bibel wird erzählt, wie sich Jesus noch einmal mit seinen Jüngern getroffen hat.

An **Christi Himmelfahrt** erinnern wir uns 40 Tage nach Ostern. Wir glauben, dass Jesus an diesem Tag sein Leben als Mensch beendet und die Erde für immer verlassen hat. Er ging wieder zu Gott in den Himmel zurück. Der „unsichtbare Himmel" Gottes ist eine Welt, in der er ganz nah bei uns ist.

50 Tage nach Ostern feiern wir an zwei Tagen **Pfingsten**, das Fest des Heiligen Geistes. Pfingsten ist ein griechisches Wort und heißt übersetzt „fünfzig". Wir erinnern uns an die ersten christlichen Gemeinden in Jerusalem. In der Bibel heißt es, dass die Jünger in einem Haus versammelt waren. Da kam ein Sturm auf und Feuerzungen ließen sich auf den Jüngern nieder. Sie spürten die Kraft des Heiligen Geistes und wurden mutig, den anderen Menschen von Jesus zu erzählen. Viele Menschen ließen sich taufen. Es entstand die erste christliche Gemeinde.

Die Trinitatiszeit (1/2)

Infokarte 7

– evangelisch –

Am **Trinitatisfest** findet am Sonntag nach Pfingsten ein Gottesdienst statt. Trinitatis bedeutet „Dreifaltigkeit". Wir feiern die Dreieinigkeit, denn Gott ist gleichzeitig Vater, Sohn und Heiliger Geist.

Das **Erntedankfest** feiern wir meist am 1. Sonntag im Oktober. An diesem Tag wird die Kirche mit den Erntegaben, wie Korn, Gemüse oder Obst, geschmückt. Wir danken Gott für die Gaben und alles, was er uns für unser Leben gegeben hat.

Das **Reformationsfest** wird am 31. Oktober gefeiert. Reformation heißt Erneuerung. Martin Luther wollte im Jahr 1517 die katholische Kirche erneuern und hängte an diesem Tag 95 Thesen an die Schlosskirche zu Wittenberg. Er wollte, dass sich Christen weniger nach den Vorschriften der Kirche, sondern nach der Bibel richteten. Dem Papst gefiel dies nicht und er ließ Luther verfolgen. Der Streit führte zur Gründung der evangelischen Kirche.

Vorlagen Infokarten 5/6

© Verlag an der Ruhr | Autorin: Doreen Blumhagen | ISBN 978-3-8346-3793-2 | www.verlagruhr.de

Die Trinitatiszeit (2/2)

Infokarte 7

– evangelisch –

Sankt Martin feiern wir am 11. November, dem Sterbetag des Bischof Sankt Martin. Der heilige Martin lebte im 4. Jahrhundert. Er ist für uns Vorbild, weil er vielen Menschen geholfen hat. Am Martinstag gibt es oft Laternenumzüge oder Aufführungen der Geschichte von der Mantelteilung.
Der **Buß- und Bettag** ist immer am vorletzten Mittwoch im November. In einem Gottesdienst denken wir mit Liedern und Gebeten an das, was wir falsch gemacht haben und was uns von Gott trennt. Wir bitten Gott um einen Neuanfang.
Der **Ewigkeitssonntag** ist der letzte Sonntag im Kirchenjahr. „Ewig" bedeutet, dass wir glauben, dass nach dem Tod nicht alles zu Ende ist. Wir hoffen auf ein Leben bei Gott. Deshalb ist es kein Trauertag, sondern ein Hoffnungstag. Den Ewigkeitssonntag nennt man auch Totensonntag, weil wir an diesem Tag an unsere Verstorbenen denken. Wir besuchen den Friedhof und schmücken die Gräber. Im Gottesdienst werden die Namen der Verstorbenen des vergangenen Kirchenjahres vorgelesen.

Die Zeit im Kirchenjahr (1/2)

Infokarte 8

– katholisch –

Am **Dreifaltigkeitssonntag** findet am Sonntag nach Pfingsten ein Gottesdienst statt. Wir feiern die Dreieinigkeit, denn Gott ist gleichzeitig Vater, Sohn und Heiliger Geist.
Am 2. Donnerstag nach Pfingsten feiern wir **Fronleichnam**. Das alte Wort „Fron" bedeutet „heilig" und „Leichnam" bedeutet „lebendiger Körper". Wir glauben, dass wir beim Abendmahl mit der Hostie den Leib Christi in uns aufnehmen.
In vielen Orten finden bunte Prozessionen statt.
Der Priester trägt dabei die Monstranz (Hostie in einem kostbaren Gefäß). Die Straßen und die Kirchen werden mit Blumen festlich geschmückt.
Das **Erntedankfest** feiern wir meist am 1. Sonntag im Oktober. An diesem Tag wird die Kirche mit den Erntegaben, wie Korn, Gemüse oder Obst geschmückt. Wir danken Gott für die Gaben und alles, was er uns für unser Leben gegeben hat.
Allerheiligen feiern wir am 1. November. Wir denken an unsere Heiligen. Heilige sind Menschen, die sich im Leben besonders stark für Arme, Kranke und Notleidende im Namen Gottes eingesetzt haben.
An Allerheiligen danken wir Gott im Gebet, dass er den Heiligen Kraft für ihre Taten gegeben hat.

Vorlagen Infokarten 6/6

Die Zeit im Kirchenjahr (2/2)

Infokarte 8

– katholisch –

Am Tag nach Allerheiligen ist **Allerseelen**.
Wir denken besonders an die Verstorbenen.
Wir glauben, dass der Tod nicht das Ende ist, sondern dass wir bei Gott leben werden. Wer in seinem Leben Sünden begangen hat, muss aber nach seinem Tod erst dafür büßen, bevor er von Gott aufgenommen wird. Deshalb beten wir für die kürzlich Verstorbenen. Wir bitten Gott, ihre Seelen aufzunehmen. Viele besuchen den Friedhof, schmücken die Gräber und zünden darauf Kerzen an.
Die Kerzen sollen an das ewige Leben erinnern.
Sankt Martin feiern wir immer am 11. November, dem Sterbetag des Bischofs Sankt Martin.
Der heilige Martin lebte im 4. Jahrhundert. Er ist für uns Vorbild, weil er vielen Menschen geholfen hat.
Am Martinstag gibt es oft Laternenumzüge oder Aufführungen der Geschichte von der Mantelteilung.
Das **Christkönigsfest** ist am letzten Sonntag im Kirchenjahr. Wir feiern die Macht und Herrlichkeit unseres Herrn Jesus Christus. Er ist unser ewiger König.

Der dreieine Gott

Infokarte 9

In der Bibel werden drei Personen genannt, die Gott in sich vereint: Vater, Sohn und Heiliger Geist. Deshalb sprechen wir auch von der Dreieinigkeit (Trinität) Gottes. Zahlreiche Bibelstellen erzählen uns von diesen Seiten Gottes.

Über Gott, den Vater steht in der Bibel:
Gott, der Herr, ist die Sonne. *(frei nach Psalm 84,12)*
Gott ist die Liebe. Wer in der Liebe lebt, ist in Gott und Gott ist in ihm. *(frei nach 1 Johannes 4,16)*

Über Gott, den Sohn Jesus Christus, steht in der Bibel:
Jesus sagte: „Ich bin der Weg, die Wahrheit und das Leben. Nur durch mich kommt ihr zum Vater.“ *(frei nach Johannes 14,6)*
„Ich bin der gute Hirt. Ein guter Hirt gibt sein Leben für seine Schafe.“ *(frei nach Johannes 10,11)*

Über Gott, den Heiligen Geist, steht in der Bibel:
Der Geist der Wahrheit wird euch sagen, was kommen wird. *(frei nach Johannes 16,13)*
Als Jesus sich taufen ließ, öffnete sich der Himmel. Der Heilige Geist kam in Gestalt einer Taube auf ihn herab. *(frei nach Lukas 3,21-22)*

© Verlag an der Ruhr | Autorin: Doreen Blumhagen | ISBN 978-3-8346-3793-2 | www.verlagruhr.de

Kirchliche Feste in diesem Jahr 1/2

Januar

1	2	3	4	5	6	7
8	9	10	11	12	13	14
15	16	17	18	19	20	21
22	23	24	25	26	27	28
29	30	31				

Februar

1	2	3	4	5	6	7
8	9	10	11	12	13	14
15	16	17	18	19	20	21
22	23	24	25	26	27	28
29						

März

1	2	3	4	5	6	7
8	9	10	11	12	13	14
15	16	17	18	19	20	21
22	23	24	25	26	27	28
29	30	31				

April

1	2	3	4	5	6	7
8	9	10	11	12	13	14
15	16	17	18	19	20	21
22	23	24	25	26	27	28
29	30					

Mai

1	2	3	4	5	6	7
8	9	10	11	12	13	14
15	16	17	18	19	20	21
22	23	24	25	26	27	28
29	30	31				

Juni

1	2	3	4	5	6	7
8	9	10	11	12	13	14
15	16	17	18	19	20	21
22	23	24	25	26	27	28
29	30					

Juli

1	2	3	4	5	6	7
8	9	10	11	12	13	14
15	16	17	18	19	20	21
22	23	24	25	26	27	28
29	30	31				

© Verlag an der Ruhr | Autorin: Doreen Blumhagen | ISBN 978-3-8346-3793-2 | www.verlagruhr.de

Kirchliche Feste in diesem Jahr 2/2

August

1	2	3	4	5	6	7
8	9	10	11	12	13	14
15	16	17	18	19	20	21
22	23	24	25	26	27	28
29	30	31				

September

1	2	3	4	5	6	7
8	9	10	11	12	13	14
15	16	17	18	19	20	21
22	23	24	25	26	27	28
29	30					

Oktober

1	2	3	4	5	6	7
8	9	10	11	12	13	14
15	16	17	18	19	20	21
22	23	24	25	26	27	28
29	30	31				

November

1	2	3	4	5	6	7
8	9	10	11	12	13	14
15	16	17	18	19	20	21
22	23	24	25	26	27	28
29	30					

Dezember

1	2	3	4	5	6	7
8	9	10	11	12	13	14
15	16	17	18	19	20	21
22	23	24	25	26	27	28
29	30	31				

① Schneide die Kalenderseiten aus.

② Lege sie in der richtigen Reihenfolge aufeinander.

③ Hefte die Seiten mit einem Heftgerät zusammen.

❹ **Suche in einem Kalender alle eingetragenen Kirchenfeste.**

❺ **Markiere die Daten in deinem Kalender und schreibe die Namen der Feste über die Monate.**

⑥ Klebe dein Minibuch mit der Rückseite auf dein Lapbook.

INFO Das Kirchenjahr beginnt immer am 1. Advent und nicht, wie das Kalenderjahr, am 1. Januar. Nicht alle Feste werden jedes Jahr am gleichen Tag gefeiert.

Das evangelische Kirchenjahr 1/2

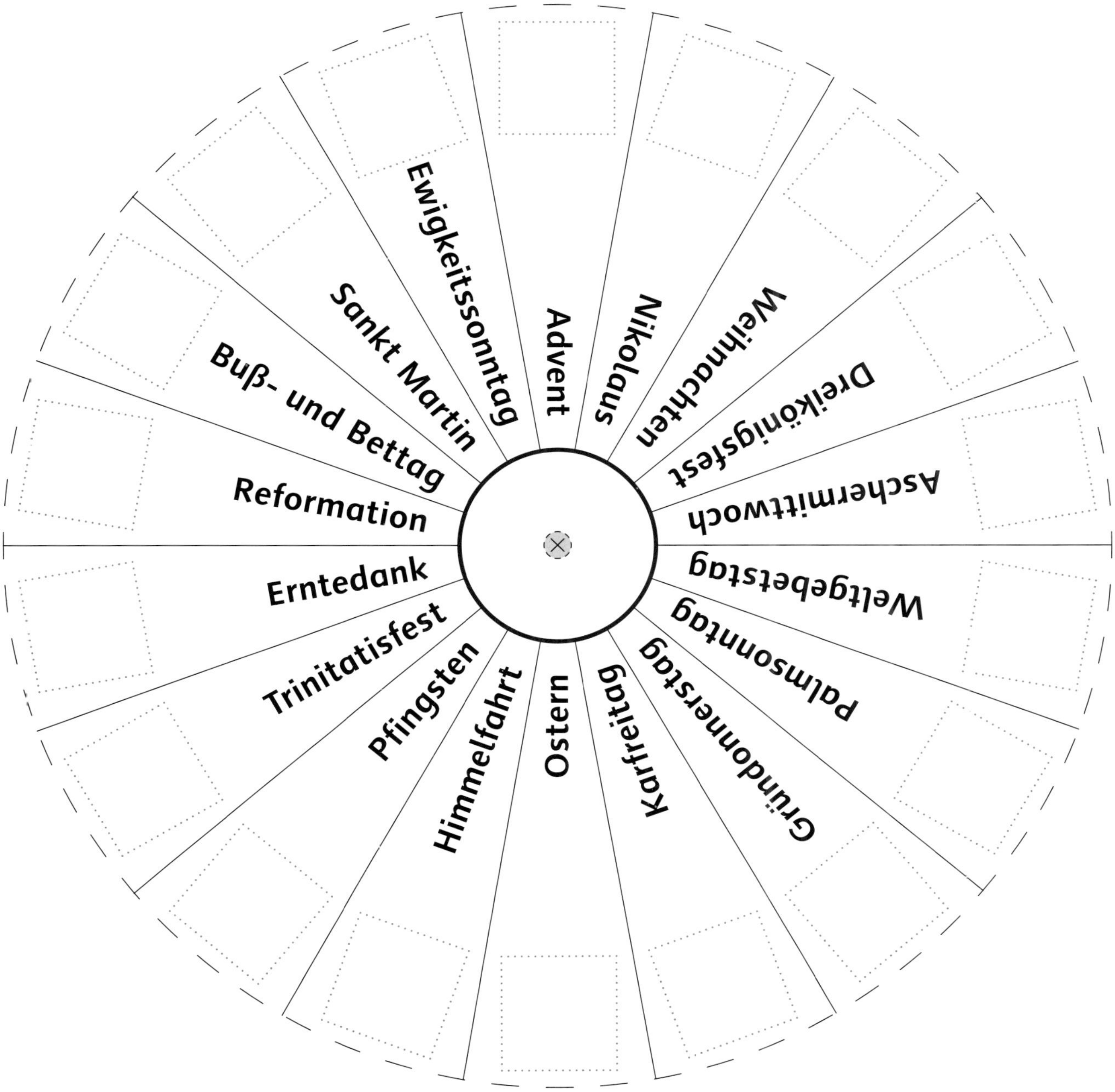

Advent

Nikolaus

Weihnachten

Dreikönigsfest

Aschermittwoch

Weltgebetstag

Palmsonntag

Gründonnerstag

Karfreitag

Ostern

Himmelfahrt

Pfingsten

Trinitatisfest

Erntedank

Reformation

Buß- und Bettag

Sankt Martin

Ewigkeitssonntag

© Verlag an der Ruhr | Autorin: Doreen Blumhagen | ISBN 978-3-8346-3793-2 | www.verlagruhr.de

Das katholische Kirchenjahr 1/2

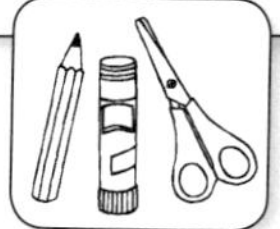

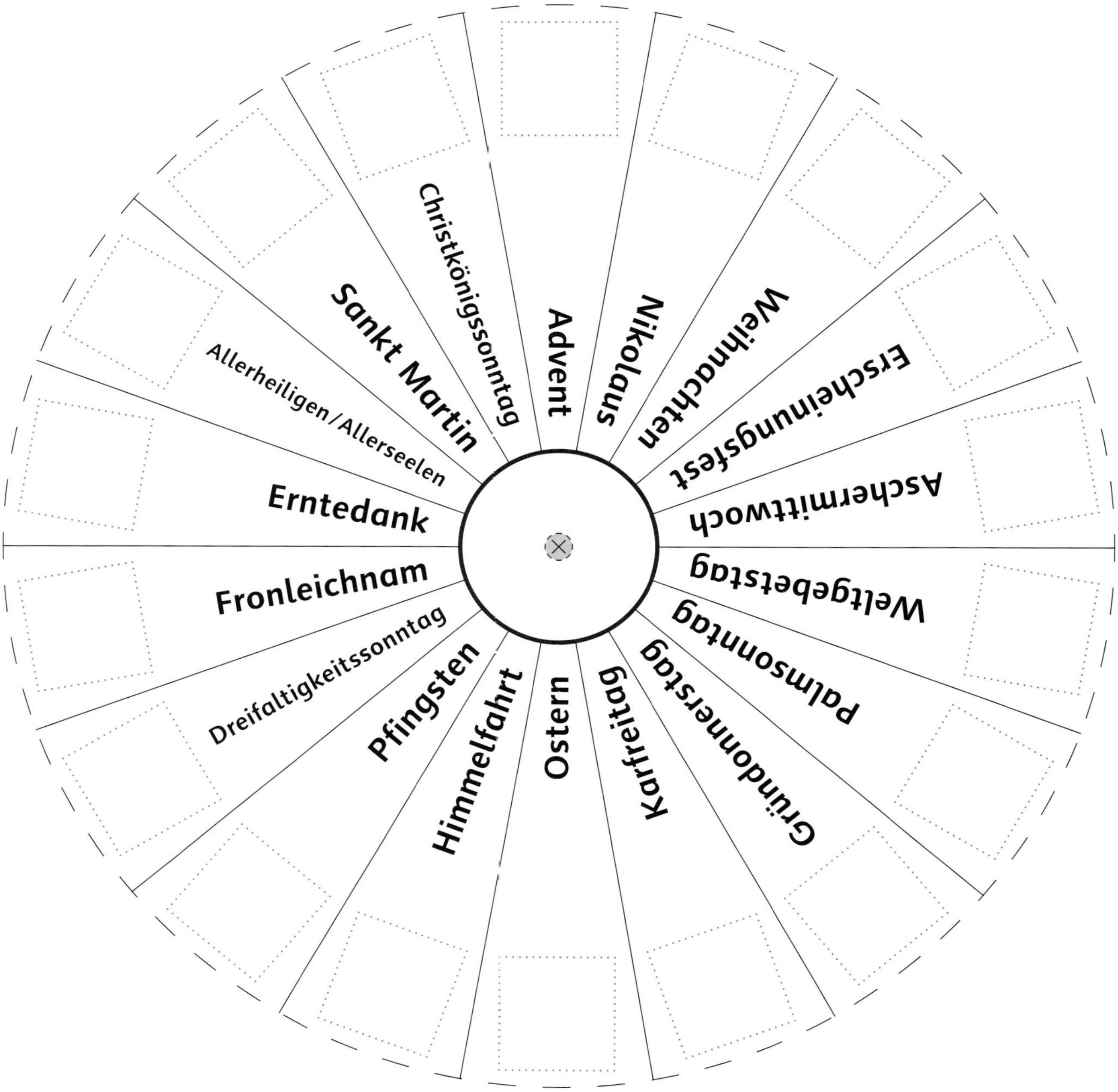

Advent

Nikolaus

Weihnachten

Erscheinungsfest

Aschermittwoch

Weltgebetstag

Palmsonntag

Gründonnerstag

Karfreitag

Ostern

Himmelfahrt

Pfingsten

Dreifaltigkeitssonntag

Fronleichnam

Erntedank

Allerheiligen/Allerseelen

Sankt Martin

Christkönigssonntag

Das katholische/evangelische Kirchenjahr 2/2

① Schneide beide Kreise und die Symbole für die Feste des Kirchenjahres aus.
② Lege den geöffneten Kreis mittig auf den kompletten Kreis.
③ Stich den schwarzen Punkt mit einem Bleistift durch beide Kreise.
④ Verbinde die Kreise mit einer Musterklammer.
⑤ Klebe den Drehkreis auf dein Lapbook.
Achte darauf, dass du die Musterklammer nicht mit festklebst.

❻ Ordne jedem Fest des Kirchenjahres das passende Symbol zu und klebe es auf. Male die Symbole aus.

TIPP Male die Felder in den passenden Farben des Kirchenjahres aus.

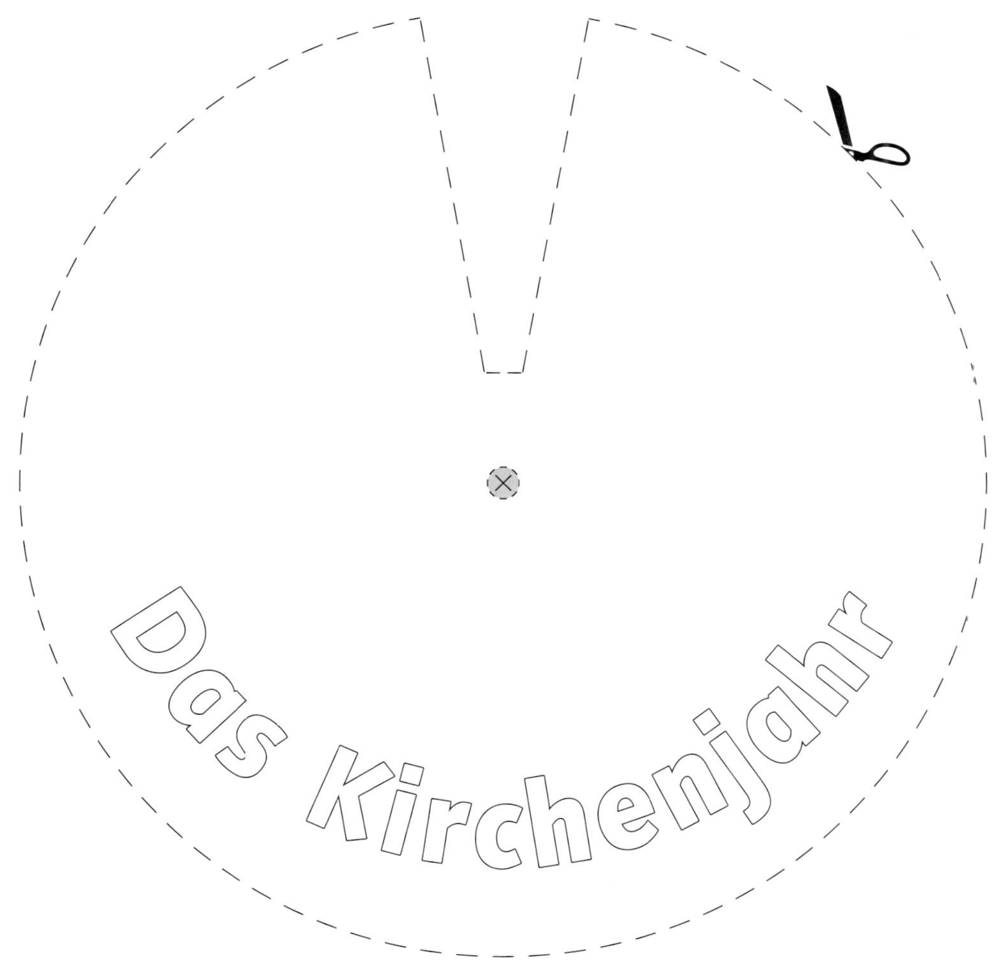

Die Farben des Kirchenjahres

Die Farben des Kirchenjahres

① Schneide die Vorlage aus.
② Falte an der linken Faltlinie nach innen und an der rechten Faltlinie nach außen.
③ Schneide nun die Schneidelinien ein.

❹ **Finde heraus, welche Farben es im Kirchenjahr gibt, und gestalte zu jeder Farbe eine Klappe.**

Die Infokarte 2 oder 4 hilft dir.
- Schreibe oder male die Farben auf die Titelseiten.
- Schreibe die Bedeutung der Farben in die geöffneten Klappen.
- Schreibe passende Feste auf die Rückseite jeder Klappe.

⑤ Klebe dein Minibuch mit der Rückseite auf dein Lapbook.

Jesus als Mittelpunkt des Kirchenjahres

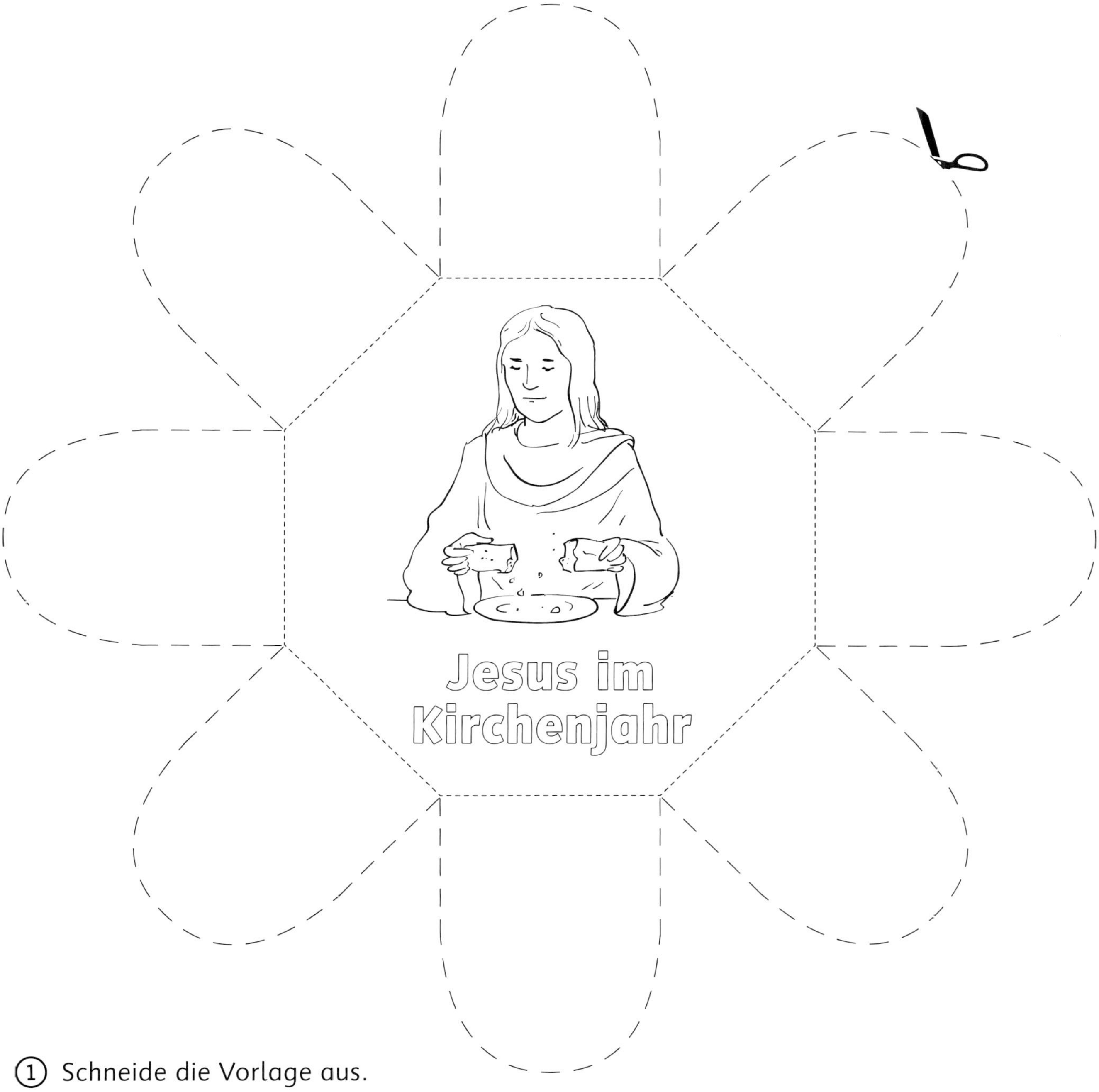

Jesus im Kirchenjahr

① Schneide die Vorlage aus.

② Falte alle Blütenblätter zur Mitte. Stecke das letzte Blatt unter das erste Blatt, um die Blume zu verschließen.

❸ Schreibe je ein Jesusfest auf ein geschlossenes Blütenblatt. Schreibe auf die Innenseite ein Stichwort, an welche biblische Geschichte über Jesus an diesem Tag gedacht wird.

④ Klebe das Minibuch mit der Rückseite auf dein Lapbook.

INFO An vielen christlichen Festen erinnern wir uns an das Leben und Wirken Jesu Christi bis zu seinem Tod und seiner Auferstehung.

Marienfeste *(katholisch)*

Marienfeste

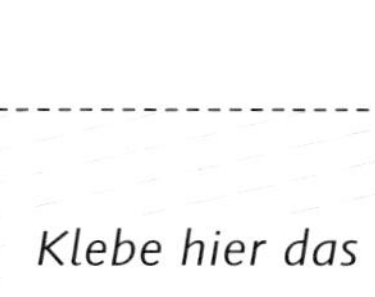

Klebe hier das Marienbild an.

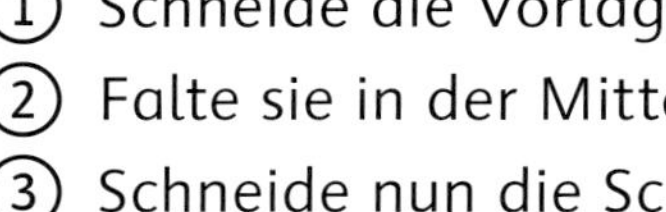

① Schneide die Vorlage aus.
② Falte sie in der Mitte.
③ Schneide nun die Schneidelinien ein.
④ Falte die Klappe wieder auf und ziehe die Lasche zu dir. Es muss wie ein Hocker aussehen.
⑤ Klebe das Marienbild auf die Klebefläche. Achte beim Schließen darauf, dass das Bild flach liegt.
❻ **Male das Marienbild mit den typischen Farben für Maria aus.**
❼ **Schreibe auf die Zeilen, welche Marienfeste es im Kirchenjahr gibt und wann sie gefeiert werden. Tipp: Nutze einen Kalender.**
⑧ Klebe dein Minibuch mit der Rückseite auf dein Lapbook.

INFO Maria ist die Mutter von Jesus. Katholische Christen verehren sie als Mutter Gottes. Auf Bildern trägt Maria meist ein weißes oder rotes Kleid und einen blauen Mantel.

Die Festkreise des Kirchenjahres 1/4

Klebefläche Lapbook

Klebefläche Lapbook

Der Osterfestkreis

Klebefläche Lapbook

Taschen:

① Schneide die Taschen aus.

② Falte die Klebeflächen nach hinten und klebe sie auf dein Lapbook.

❸ **Ergänze auf der leeren Tasche den dritten Festkreis.**

INFO

Evangelisches Kirchenjahr: „Weihnachtsfestkreis", „Osterfestkreis" und „Trinitatiszeit".

Katholisches Kirchenjahr: „Weihnachtsfestkreis", „Osterfestkreis" und „Zeit im Kirchenjahr".

Festkarten:

① Schneide die Karten aus.

② Falte die Karten in der Mitte.

③ Schneide die Bilder zu den Festen aus.

❹ **Klebe auf jede Karte ein Bild und ergänze den Namen des Festes.**

❺ **Schreibe auf die Rückseite einen kurzen Steckbrief zu jedem Fest:**
- Bräuche
- Name des Festes
- Termin
- Was wird gefeiert?

❻ **Ordne die Karten zu jedem Fest in die richtige Tasche ein.**

Die Festkreise des Kirchenjahres 2/4

Die Festkreise des Kirchenjahres 3/4

Weihnachtsfestkreis

Osterfestkreis

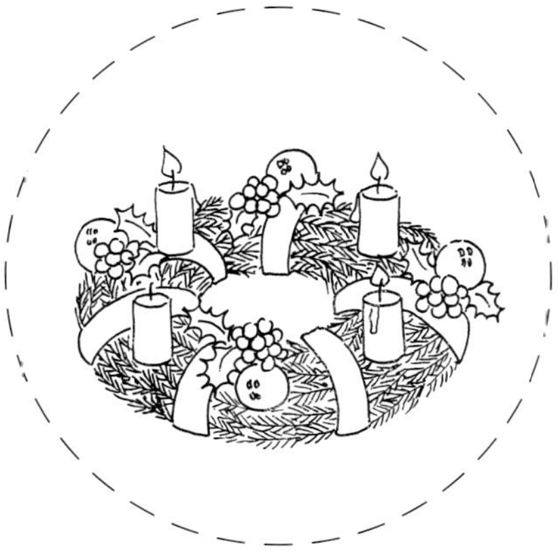

© Verlag an der Ruhr | Autorin: Doreen Blumhagen | ISBN 978-3-8346-3793-2 | www.verlagruhr.de

Die Festkreise des Kirchenjahres 4/4

Trinitatiszeit/Zeit im Kirchenjahr

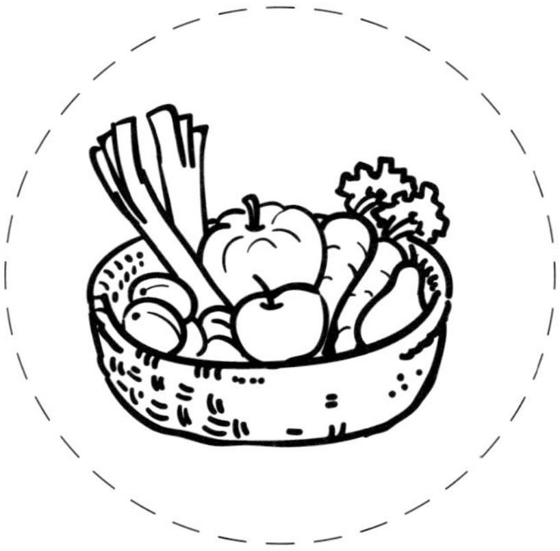

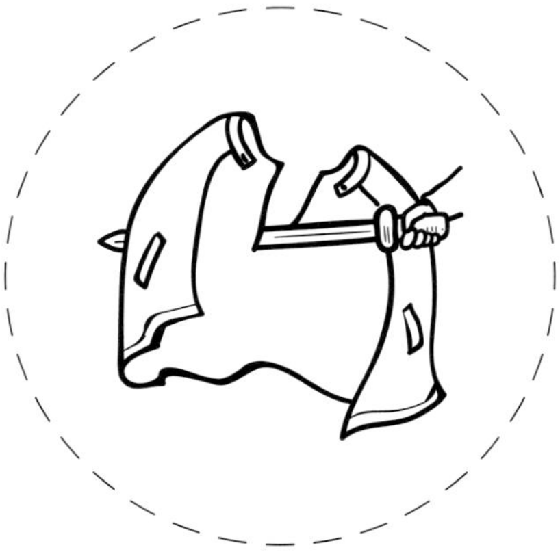

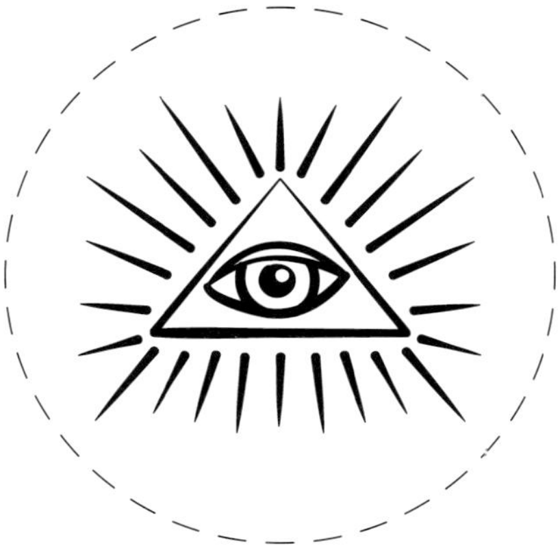

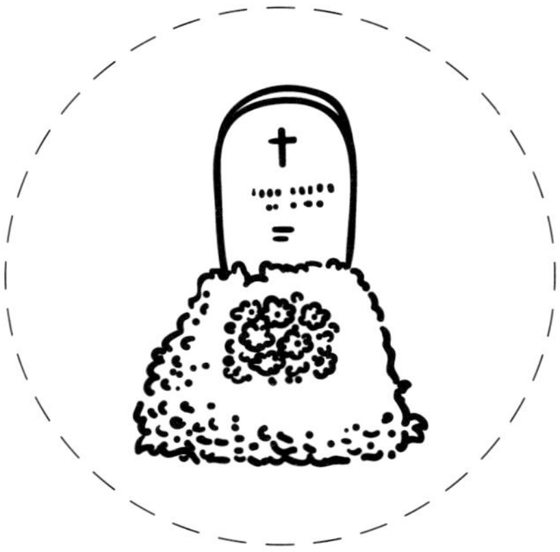

evangelisch

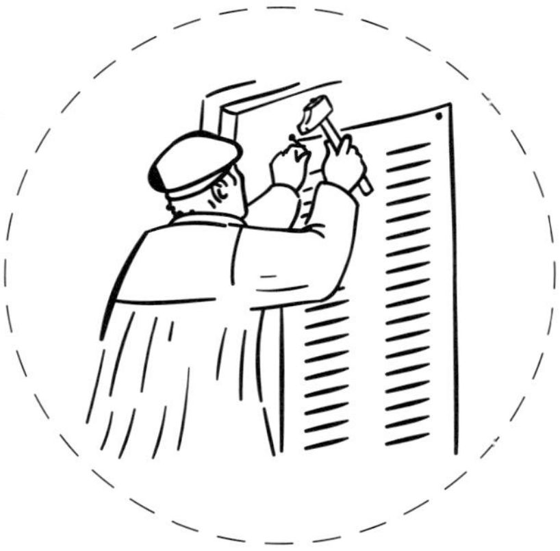

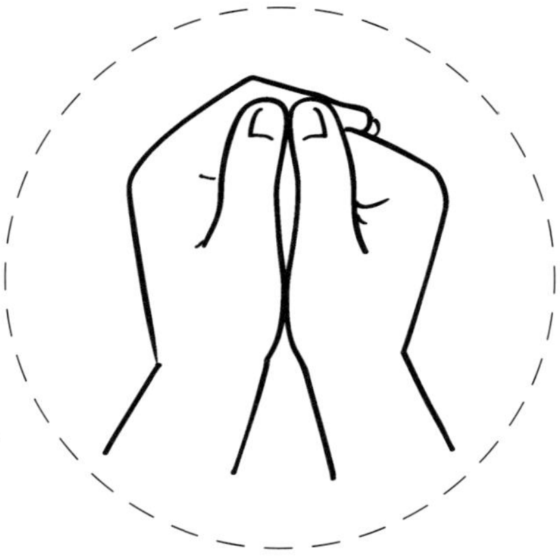

katholisch

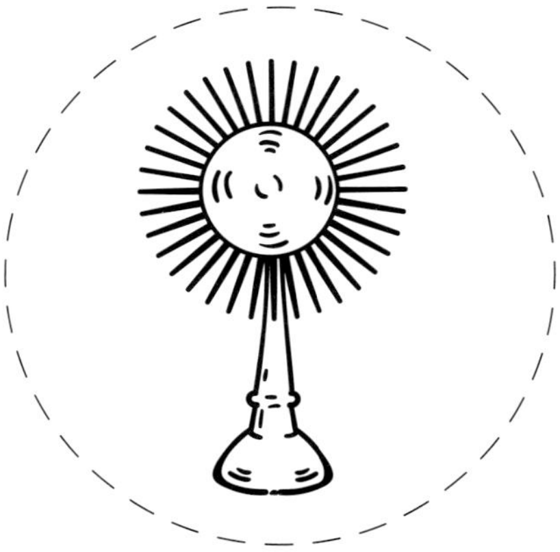

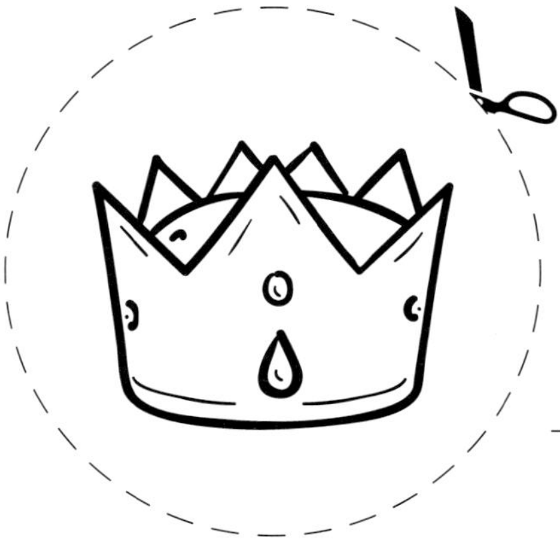

Katholische und evangelische Feste

Klebefläche Lapbook

Evangelische Feste

Gemeinsame Feste

Katholische Feste

1. Schneide die Vorlage aus.
2. Falte das Minibuch in der Mitte.
3. Schneide die Schneidelinien ein.
4. Klebe das Minibuch mit der Klebefläche auf dein Lapbook.

5. **Nutze <u>Infokarte 1 oder 3</u>. Schreibe in die beiden äußeren Klappen Feste des Kirchenjahres, die es nur in der evangelischen oder katholischen Kirche gibt.**
6. **Schreibe in die mittlere Klappe Feste, die es in beiden Kirchen gibt.**

Meine Gebete

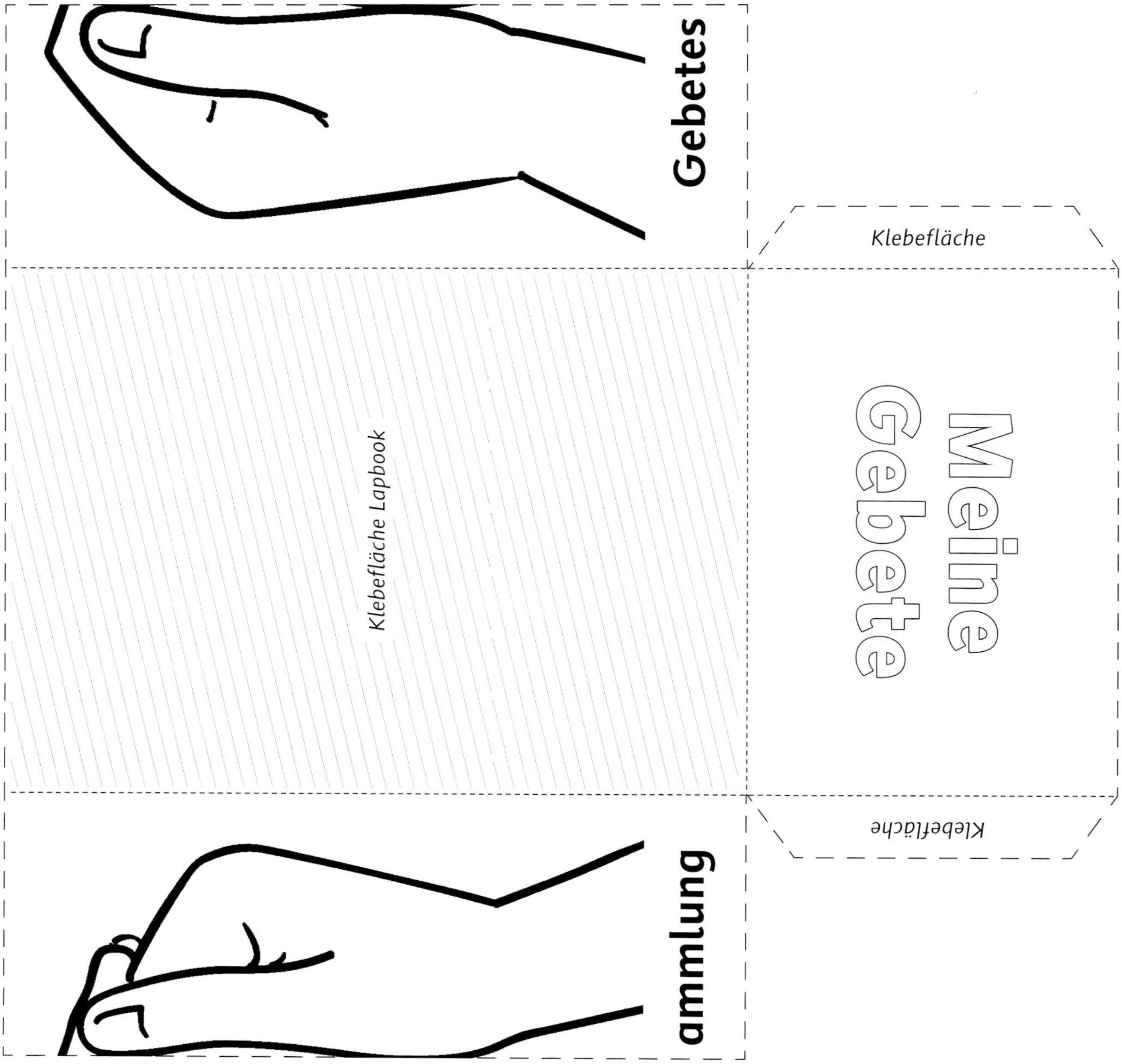

Gebetes

Klebefläche

Klebefläche Lapbook

Meine Gebete

Klebefläche

ammlung

① Schneide die Vorlage aus.
② Falte die Tasche zur Mitte und klebe sie mit den Klebelaschen fest.
③ Falte nun beide Seitenklappen zur Mitte, sodass die Hände zusammen sind.
④ Klebe die Tasche mit der Rückseite auf dein Lapbook.

❺ **Sammle in dieser Tasche Gebete zu den Festen des Kirchenjahres. Du kannst selbst Gebete schreiben oder fertige Gebete abschreiben.**

Die Farbe des Kirchenfestes

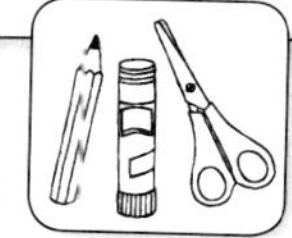

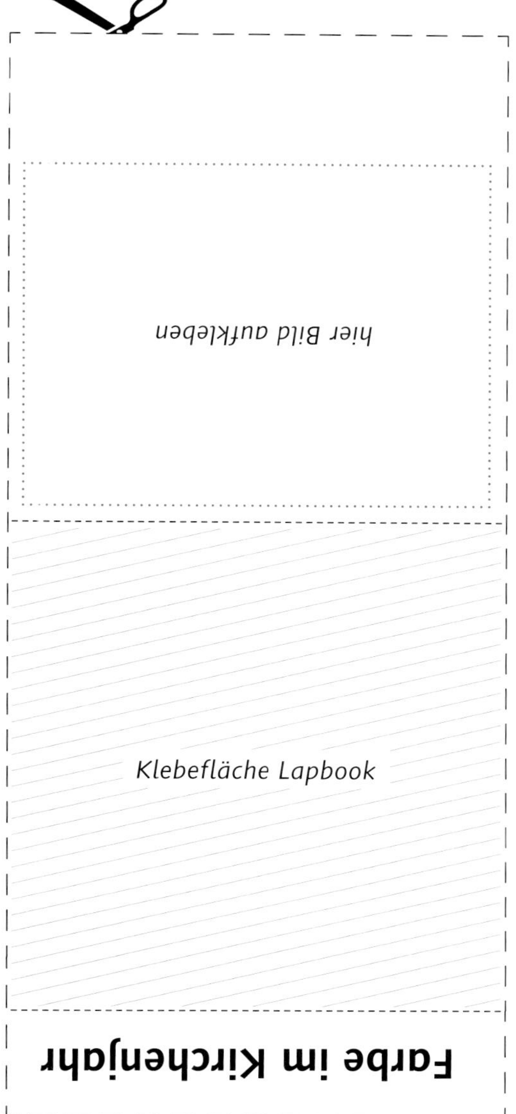

① Schneide die Vorlage aus.

② Falte die Klappen an den Faltlinien nach innen.

③ Klebe für das katholische Kirchenjahr das Bild des Priesters oder für das evangelische Kirchenjahr das Altarbild auf.

Evangelisches Kirchenjahr

④ Finde die Farbe für das Fest heraus. Nutze Infokarte 2.

⑤ Male das Altartuch in dieser Farbe aus. Male auch ein Symbol des Festes auf das Tuch.

⑥ Schreibe in das Minibuch, welche Bedeutung die Farbe hat und warum diese zum Fest passt.

Katholisches Kirchenjahr

④ Finde die Farbe für das Fest heraus. Nutze Infokarte 4.

⑤ Male den Priester und die Ministranten in der richtigen Farbe aus.
Priester: Obergewand = Farbe des Kirchenjahres, Untergewand = weiß
Ministranten: Untergewand = Farbe des Kirchenjahres, Obergewand = weiß

⑥ Schreibe in das Minibuch, welche Bedeutung die Farbe hat und warum diese zum Fest passt.

⑦ Klebe dein Minibuch mit der Rückseite auf dein Lapbook.

Kalenderblatt und Kirchenfenster

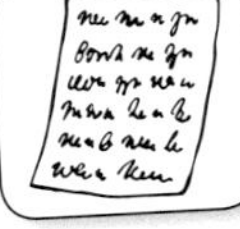

① Schneide die Vorlagen aus.
② Falte die Klebefläche der Klappen nach hinten.
③ Klebe die Minibücher (einzeln) nur mit der Klebefläche auf.

Kalenderblatt

❹ **Trage den Monat und den Tag des Festes auf das Kalenderblatt ein.**
❺ **Schreibe auf die Rückseite des Kalenderblattes, warum das Fest immer an diesem Termin gefeiert wird. Nutze auch die Infokarten 5 bis 8.**

INFO Nicht alle Kirchenfeste werden jedes Jahr am gleichen Tag gefeiert. Es gibt aber eine genaue Regel, an welchen Tagen die Feste stattfinden.

Kirchenfenster

❹ **Finde heraus, warum dieses Kirchenfest gefeiert wird, und schreibe es auf die Rückseite des Kirchenfensters.**
❺ **Gestalte das Kirchenfenster mit einem Bild, das zu dem Fest passt. Nutze auch die Infokarten 5 bis 8.**

INFO Nicht alle Kirchenfeste erinnern an eine biblische Geschichte. Einige erinnern auch an Ereignisse aus der Geschichte oder an Glaubensinhalte.

Bräuche und Traditionen

Klebefläche Lapbook

Bräuche und Traditionen

① Schneide die Vorlagen aus.
② Falte sie an den Faltlinien.
③ Schneide die graue Fläche auf der ersten Buchseite weg. Es entsteht ein Schlitz.
④ Schneide nun die Schneidelinien der anderen Seite ein.
⑤ Biege die Seiten leicht und stecke sie durch den Schlitz der ersten Seite.

❻ **Informiere dich über Bräuche und Traditionen des Festes.**

❼ **Wähle einen Brauch aus und stelle ihn vor. Du kannst …**
- Bilder malen oder einkleben,
- kurze Texte schreiben,
- von einem Brauch in deiner Familie erzählen.

⑧ Klebe das Minibuch mit der Rückseite auf dein Lapbook.

INFO Ein Brauch ist etwas, was jedes Jahr zu diesem Fest gemacht wird. Das kann in der Kirchgemeinde, mit Freunden, aber auch zu Hause sein.

Festgottesdienst

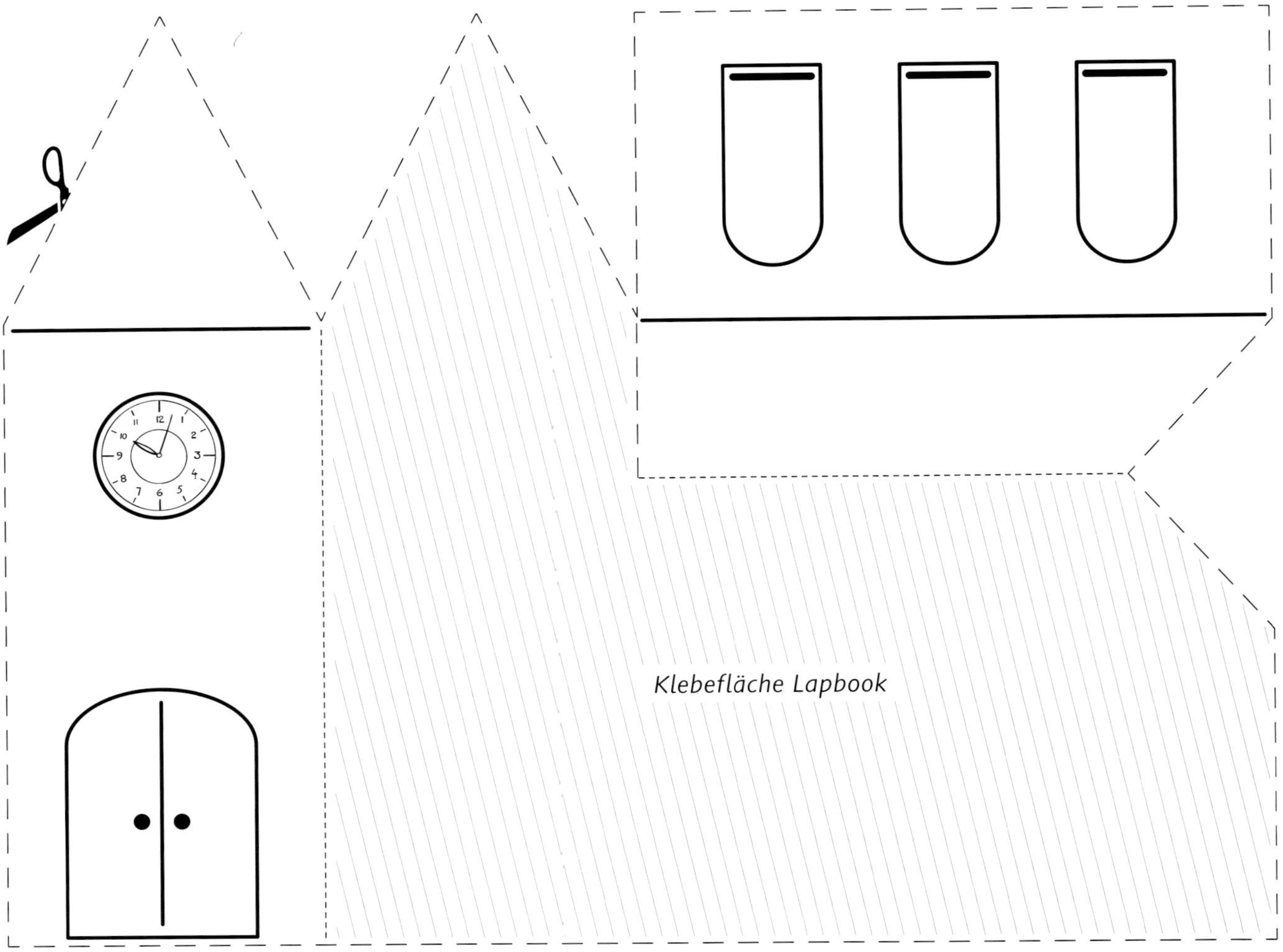

Klebefläche Lapbook

1. Schneide die Vorlage aus.
2. Falte den Kirchturm und das Kirchenschiff an den Faltlinien zur Mitte.
3. **Informiere dich, wie das Fest im Gottesdienst oder deiner Gemeinde gefeiert wird.**
   - Was ist besonders an diesem Gottesdienst?
   - Wann wird der Gottesdienst gefeiert?
   - Welche Lieder werden gesungen? Welche Gebete werden gesprochen?
   - Wie wird die Kirche geschmückt?
   - Welche biblische Geschichte wird gelesen?
4. **Gestalte die Innenseite der Kirche. Du kannst zum Beispiel …**
   - Bilder malen oder Fotos einkleben,
   - von einem Gottesdienstbesuch erzählen,
   - ein Interview mit einem Gemeindemitarbeiter schreiben,
   - etwas aus Gemeindebriefen ausschneiden und einkleben.
5. Klebe die Kirche mit der Rückseite auf dein Lapbook.

Symbole und ihre Bedeutung

① Schneide die Vorlage aus.
② Falte das Minibuch an den Faltlinien vor und wieder zurück.
③ Klebe das Minibuch nur mit der Fläche in der Mitte auf dein Lapbook.

❹ Informiere dich über Symbole deines Festes.
❺ Male je ein Symbol auf die beiden Vorderseiten der Klappen.
❻ Schreibe auf die Rückseite, welche Bedeutung das Symbol hat.

INFO Für jedes Fest des Kirchenjahres gibt es besondere Symbole. Diese erinnern zum Beispiel an Bräuche, an die Bedeutung des Festes, an biblische Geschichten oder an geschichtliche Ereignisse.

Kirchenjahresquiz

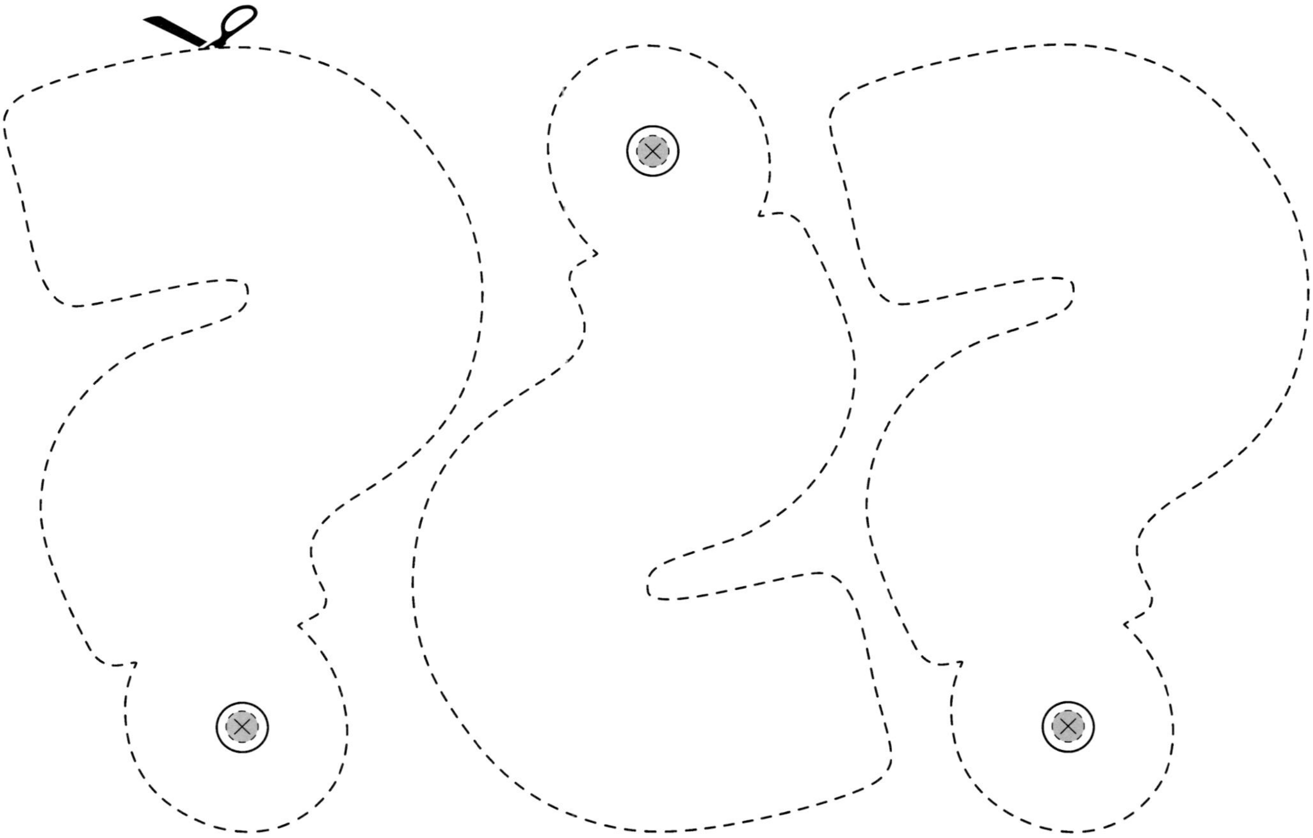

① Schneide die Vorlagen aus.
② Lege die Fragezeichen aufeinander. Stich den Punkt (⊗) vorsichtig durch.
③ Verbinde die Fragezeichen mit einer Musterklammer.

❹ Überlege dir ein Quiz zum Kirchenjahr oder zu einem Fest des Kirchenjahres. Schreibe deine Fragen auf die Vorderseiten und die richtigen Antworten auf die Rückseite der Fragezeichen.

⑤ Befestige den Fächer mit der Musterklammer auf dem Lapbook.

Mein Adventskranz

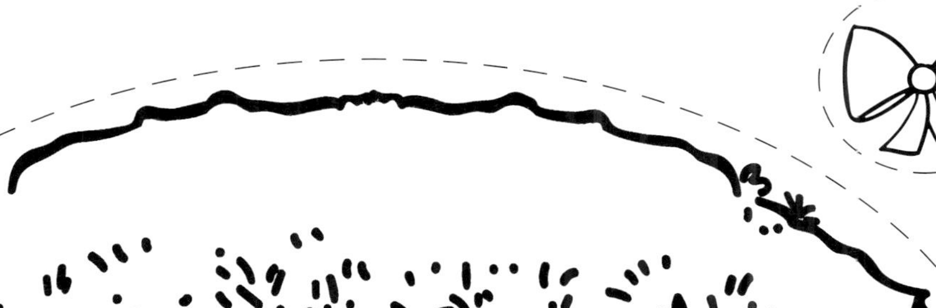

Klebefläche Lapbook

① Schneide die Vorlagen aus.
② Falte die Klebefläche des Kranzes nach hinten.
③ Klebe den Kranz mit der Klebefläche auf dein Lapbook.

❹ Schmücke den Adventskranz mit Kerzen, Stern, Schleife und Glocke. Male den Kranz aus.
❺ Schreibe und ergänze einen der Sätze auf der Rückseite des Adventskranzes:
- Ich freue mich auf Weihnachten, weil …
- Ich warte ungeduldig auf Weihnachten, weil …

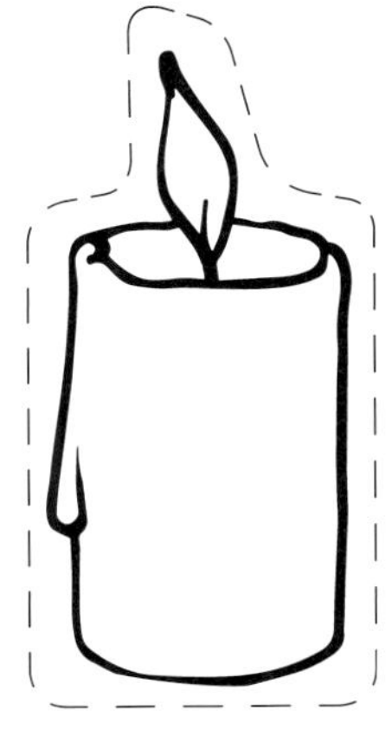

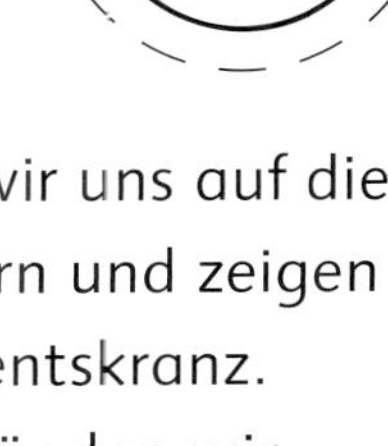

INFO Im Advent bereiten wir uns auf die „Ankunft" Jesu vor. Wir feiern und zeigen unsere Freude mit dem Adventskranz. An jedem Adventssonntag zünden wir eine Kerze am Adventskranz an.

Nikolauslegenden

Während eines heftigen Sturms riefen Seeleute Nikolaus um Hilfe. Der Sturm hörte auf und sie überlebten.

Nikolaus schenkte drei armen Mädchen heimlich je einen goldenen Apfel. Nun hatten sie genug Geld, um heiraten zu können.

Nikolaus bat die Seeleute des Kaisers, ihm Getreide für die hungernden Menschen in Myra zu geben. Obwohl sie Getreide abgaben, hatten sie genauso viel wie vorher.

① Schneide die Vorlagen aus.
② Falte die Klebeflächen der Tasche nach hinten und klebe sie auf dein Lapbook.
③ Stecke die Karten in die Tasche.

❹ Male zu jeder Nikolauslegende ein passendes Bild auf die Rückseite.
❺ Sammle noch andere Legenden über Sankt Nikolaus. Male und schreibe weitere Karten dazu.

INFO Nikolaus war Bischof und lebte vor etwa 1700 Jahren in Myra (Türkei). Als Bischof trug Nikolaus eine Mitra mit einem Kreuz als Kopfbedeckung.

Eine kleine Nikolausfreude

Eine kleine Nikolausfreude

Klebefläche Lapbook

① Schneide die Vorlage aus.

② Falte die Stiefel in der Mitte.

❸ **Überlege, wie du anderen eine Freude bereiten kannst, so wie Nikolaus das getan hat. Denke dabei daran, dass Geschenke kein Geld kosten müssen.**

❹ **Male oder schreibe deine Ideen in den Stiefel.**

⑤ Klebe den Stiefel mit der Rückseite auf dein Lapbook.

INFO Nikolaus war Bischof und lebte vor etwa 1700 Jahren in Myra (Türkei). Er half vielen Menschen. Er tat dies oft im Geheimen.

Die Weihnachtsgeschichte 1/2

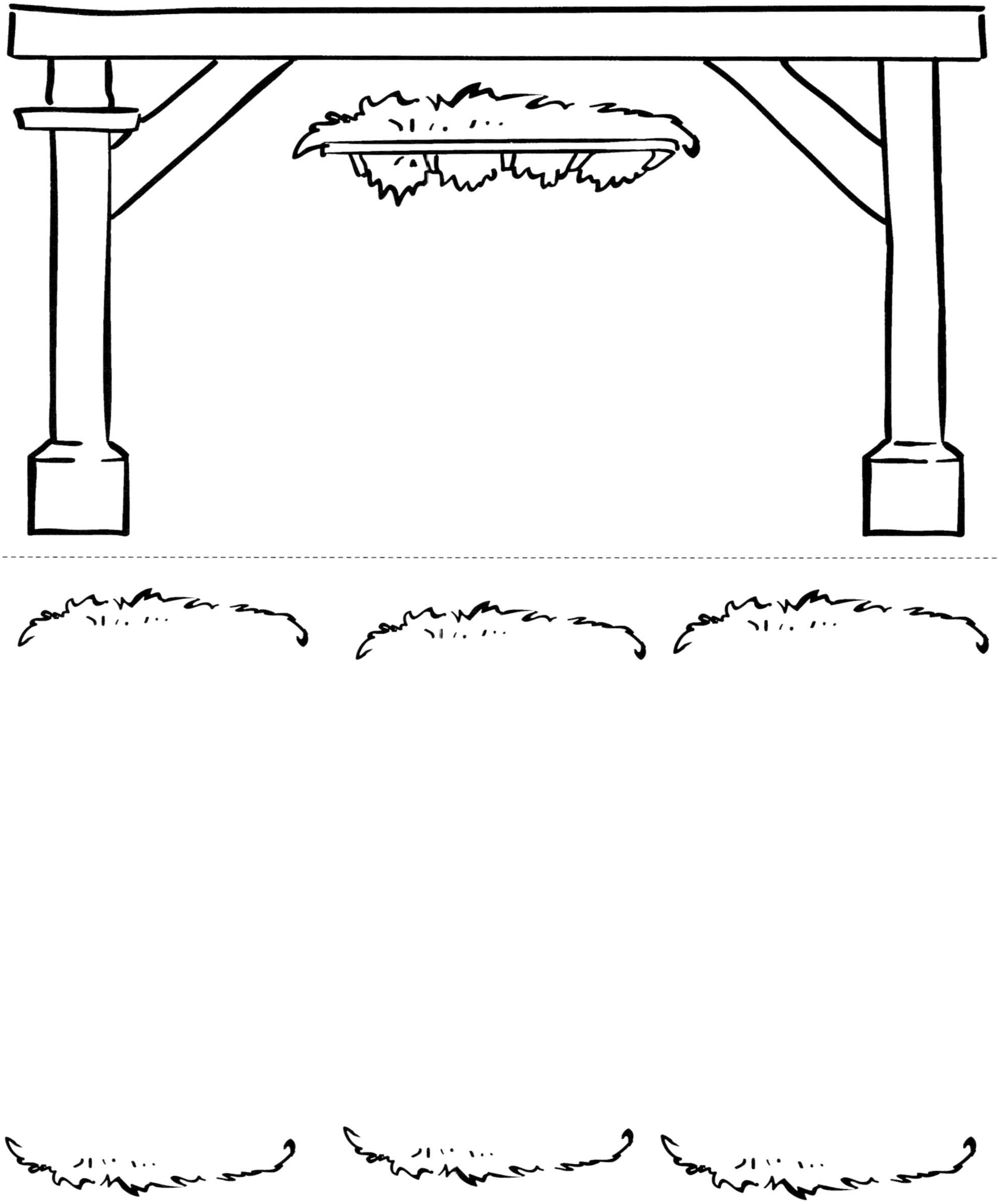

Die Weihnachtsgeschichte

© Dorothee Wolters

Die Weihnachtsgeschichte 2/2

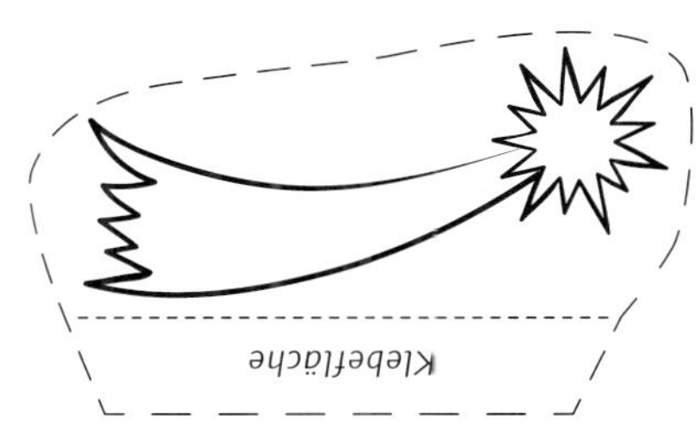

1. Schneide die Vorlagen aus.
2. Falte den Stall in der Mitte.
3. Klebe den Stallboden mit der Rückseite auf dein Lapbook.
4. **Schreibe zu jeder Person und jedem Gegenstand eine kurze Erklärung auf die Rückseite.**
5. Klebe die Figuren mit den Klebeflächen auf den Stallboden.

TIPP Lege die Figuren erst auf den Stallboden, um zu sehen, ob sich dein Buch noch schließen lässt.

Jesus als Licht der Welt

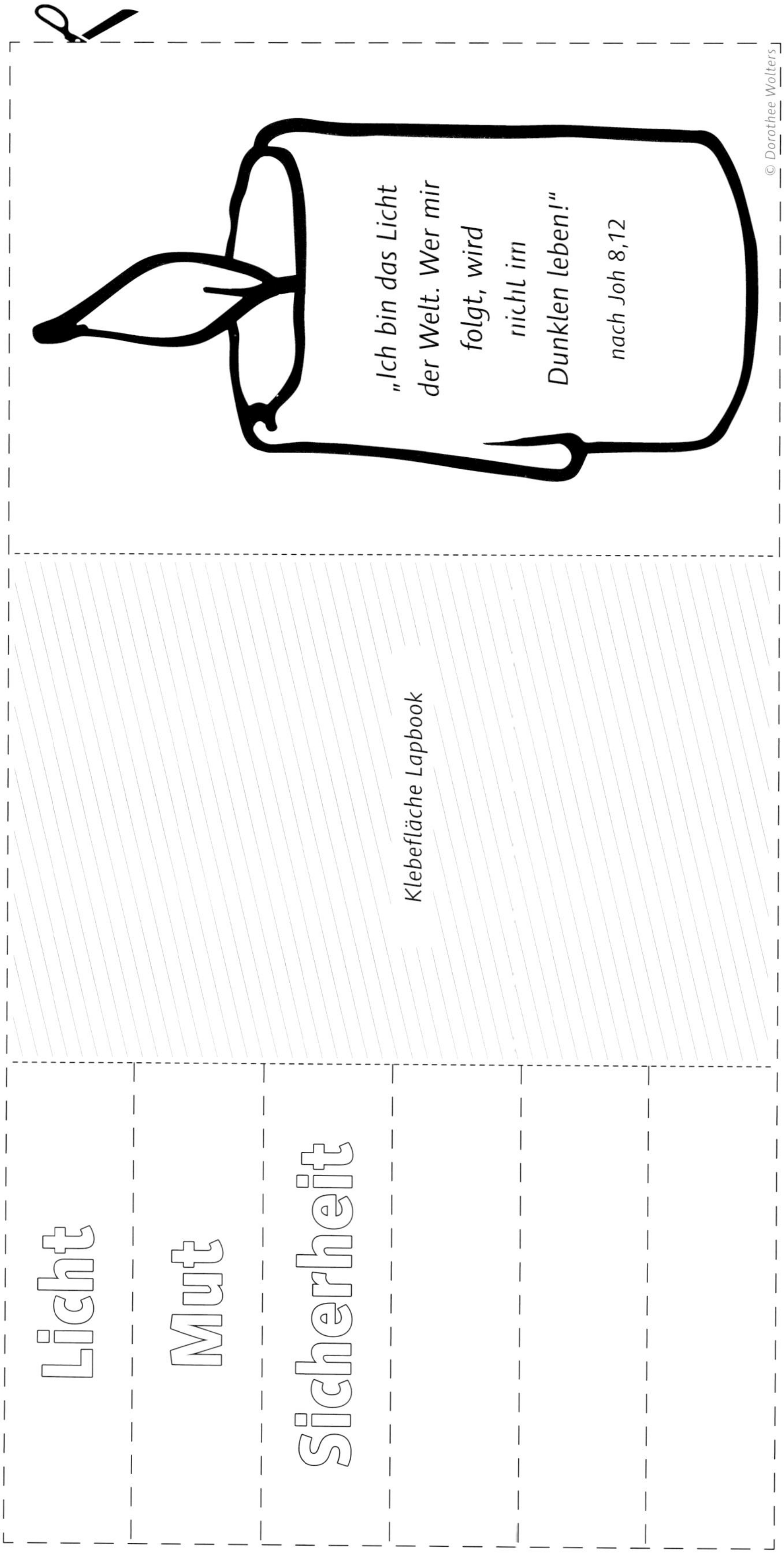

„Ich bin das Licht der Welt. Wer mir folgt, wird nicht im Dunklen leben!"

nach Joh 8,12

Klebefläche Lapbook

Licht	Mut	Sicherheit			

① Schneide die Vorlage aus.

② Falte die Seitenklappen zur Mitte.

③ Schneide die kleinen Klappen ein.

④ Klebe das Minibuch mit der Klebefläche auf dein Lapbook.

❺ Finde die Gegenteile der „Lichtwörter" auf den kleinen Klappen und schreibe sie auf die Rückseite.

❻ Finde drei eigene „Lichtwörter" mit ihrem Gegenteil.

❼ Schreibe auf die leeren Seiten, wie du selbst für jemanden zum Licht werden kannst.

INFO

Jesus sagt in der Bibel: „Ich bin das Licht der Welt. Wer mir folgt, wird nicht im Dunklen leben." *(nach Joh 8,12)*
Das Gegenteil von Dunkelheit ist Licht.
Mit „Dunkelheit" sind Situationen gemeint, in denen wir zum Beispiel ängstlich, einsam, hilflos, verzweifelt, unsicher oder mutlos sind.

© Verlag an der Ruhr | Autorin: Doreen Blumhagen | ISBN 978-3-8346-3793-2 | www.verlagruhr.de

Die Weisen aus dem Morgenland

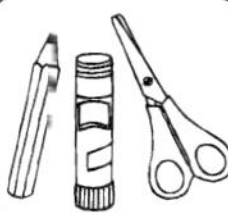

① Schneide die Vorlagen aus.

② Falte die Klebeflächen des Sterns nach hinten.

③ Klebe den Stern mit den Klebeflächen auf dein Lapbook.

❹ Was haben die Weisen aus dem Morgenland erlebt? Male oder schreibe es auf die Schriftrolle. Denke auch daran, was sie Jesus mitgebracht haben.

⑤ Rolle die Schriftrolle zusammen und stecke sie in den Stern.

Die Sternsinger

20 ✱ ...... + ... + ... + ...

Klebefläche Lapbook

① Schneide die Vorlage aus.
② Falte alle Klappen zur Mitte.
③ Klebe das Minibuch mit der Klebefläche in dein Lapbook.

❹ **Ergänze den Segensspruch für dieses Jahr. Schreibe die Bedeutung des Segensspruchs unter die Klappe. Informiere dich unter** *www.sternsinger.de*.

❺ **Welche Aufgabe hat jedes Kind? Schreibe es unter die Klappe jedes Kindes. Die Gegenstände helfen dir.**

TIPP Informiere dich über die Sternsinger-Aktion in diesem Jahr. Gestalte dazu ein eigenes Minibuch.

Der Weltgebetstag in diesem Jahr

Der Weltgebetstag der Frauen

Steckbrief über:

....

Fläche:

....

Hauptstadt:

....

Einwohner:

....

Sprache:

....

Religion:

....

Klima:

....

Geografie:

....

① Schneide die Vorlagen aus.
② Lege die Kreise aufeinander. Die Weltkugel ist die Titelseite.
③ Stich den Punkt (⊗) vorsichtig durch.
④ Verbinde die Kreise mit einer Musterklammer.
⑤ Klebe dein Minibuch mit der Rückseite auf dein Lapbook.

❻ **Informiere dich über den Weltgebetstag in diesem Jahr. Ergänze den Steckbrief über das aktuelle Land.**

❼ **Schneide einen weiteren Kreis (Ø 8,5 cm) aus. Gestalte ihn über etwas, das du besonders interessant über das Land findest (zum Beispiel Rezepte, Geschichte, Natur, Menschen …).**

INFO Zum Weltgebetstag bereiten jedes Jahr Frauen aus einem anderen Land einen Gottesdienst vor. Wir erfahren viel über ihr Land und ihren Glauben.

Die Fastenzeit

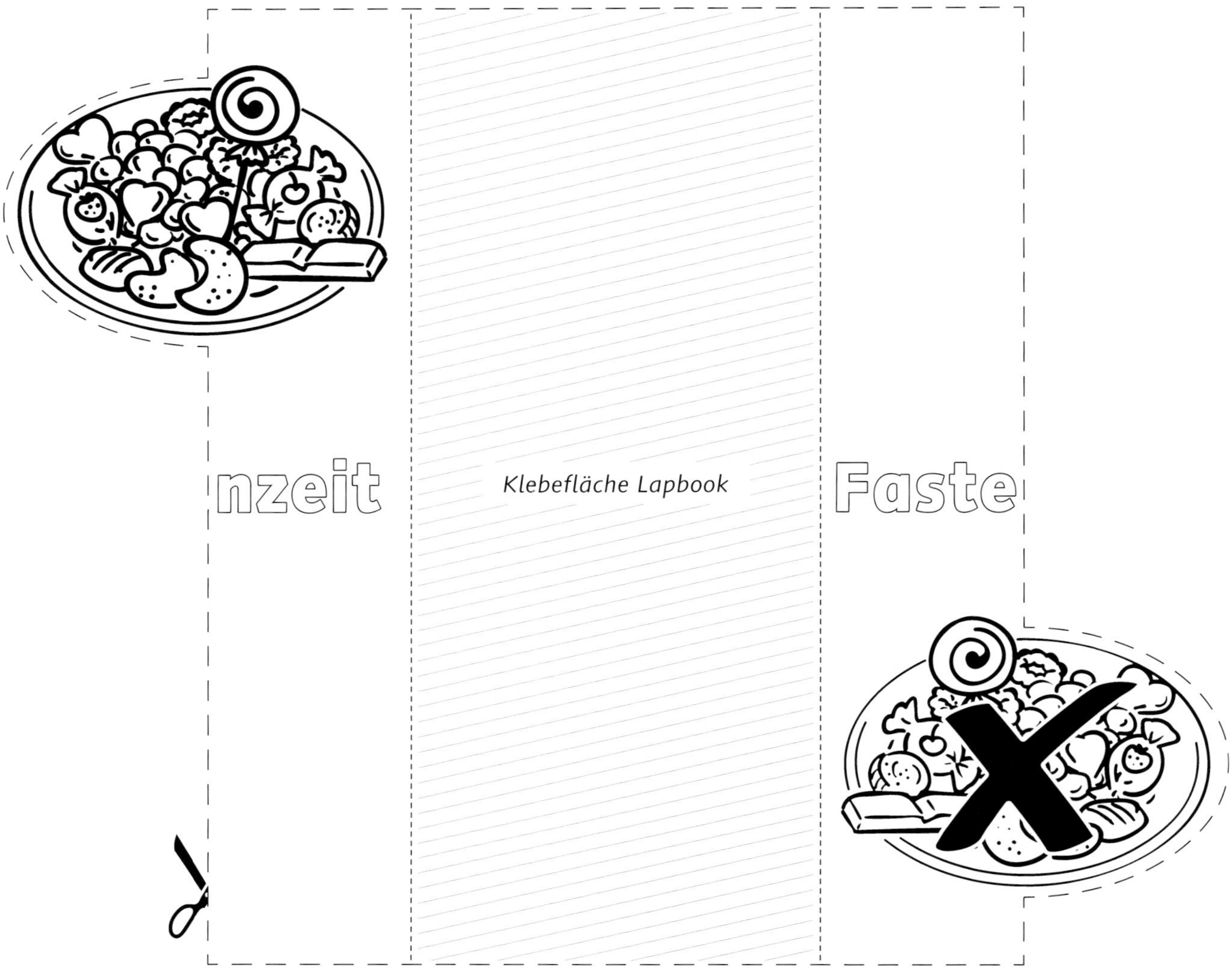

nzeit

Klebefläche Lapbook

Faste

① Schneide die Vorlage aus.
② Falte beide Seiten zur Mitte.
③ Verschließe das Minibuch so, dass beide Teller zu sehen sind.
④ Klebe das Minibuch mit der Klebefläche auf dein Lapbook.

❺ Überlege, worauf du nur schwer oder gar nicht verzichten kannst. Schreibe es in das Minibuch. Begründe, warum es dir schwerfallen würde, darauf zu verzichten.

INFO Die Fastenzeit beginnt am Aschermittwoch. In der Fastenzeit erinnern wir uns daran, dass Jesus für uns gelitten hat und für uns am Kreuz gestorben ist. In dieser Zeit verzichten viele Christen auf Dinge, die ihnen besonders wichtig sind.

Die Karwoche

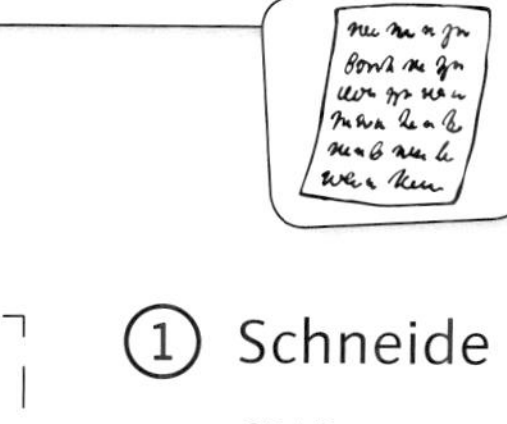

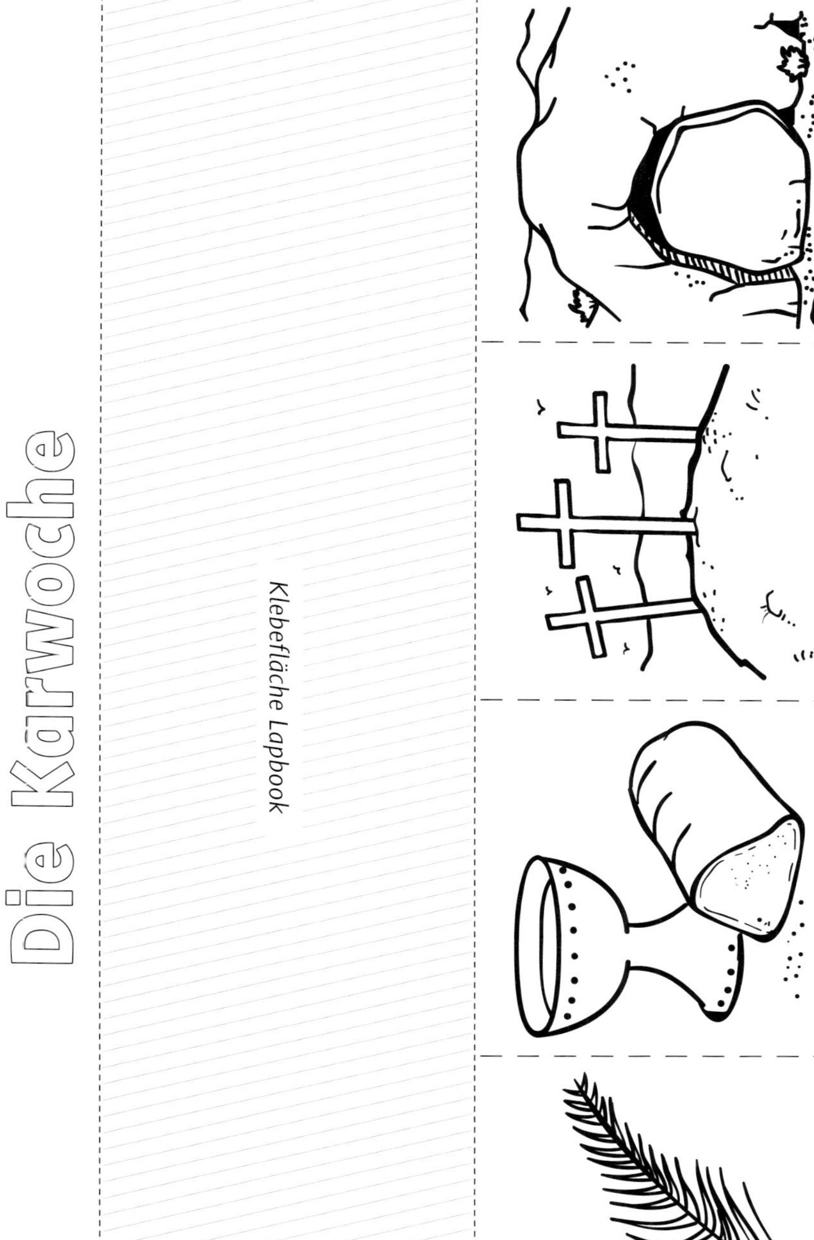

① Schneide die Vorlage aus.

② Falte alle Klappen zur Mitte. Die schmale Klappe liegt über den vier kleinen Klappen.

❸ Schreibe auf die Rückseite der schmalen Klappe (Die Karwoche) die Übersetzung für „Karwoche“.

❹ Ordne den Bildern die richtigen Tage zu: Gründonnerstag, Karfreitag, Palmsonntag, Karsamstag. Schreibe sie in die Klappe.

❺ Ergänze zu jedem Bild einen Satz.

⑥ Klebe das Minibuch mit der Rückseite auf dein Lapbook.

INFO Die Woche vor Ostern nennen wir „Karwoche“. „Kara“ ist ein altes Wort für „Klage“ und „Trauer“.

Mein Sorgen- oder Hoffnungskreuz

INFO Das Kreuz ist ein Zeichen für die Trauer und die Hoffnung. Jesus ist auferstanden von den Toten. Er möchte uns Hoffnung geben und uns von unserem Kummer und unseren Sorgen befreien.

Klebefläche Lapbook

① Schneide die Vorlage aus.
② Falte die drei Seitenklappen zur Mitte.
③ Falte die lange Klappe einmal nach innen und einmal nach außen.
④ Klebe das Kreuz mit der Klebefläche auf dein Lapbook.

❺ **Wähle dir eine Aufgabe aus.**
<u>Mein Sorgenkreuz</u>: Schreibe oder male auf die Felder des Kreuzes, was dich traurig macht oder dir Kummer bereitet.
<u>Mein Hoffnungskreuz</u>: Schreibe oder male auf das Kreuz, was du dir für die Welt und die Menschen erhoffst.

❻ **Gestalte dein Kreuz mit passenden Gefühlsfarben.**

Jesus lebt!

① Schneide die Vorlagen aus.
② Falte die zwei Karten an den Faltlinien.
③ Klebe die rechte Hälfte von „Die Jünger sind traurig" mit der Rückseite an die linke Rückseite der Titelseite.
④ Klebe die linke Hälfte von „Die Jünger sind wieder froh" mit der Rückseite an die rechte Rückseite der Titelseite. Du kannst das Minibuch nun nach links und nach rechts öffnen.

❺ Erinnere dich an die Emmaus-Jünger. Wie geht es den Jüngern, bevor sie Jesus begegnen und ihn erkennen? Was fühlen und denken sie? Schreibe es in die linke Seite.
❻ Wie geht es den Jüngern, nachdem sie Jesus getroffen haben? Was fühlen und denken sie? Schreibe es in die rechte Seite.

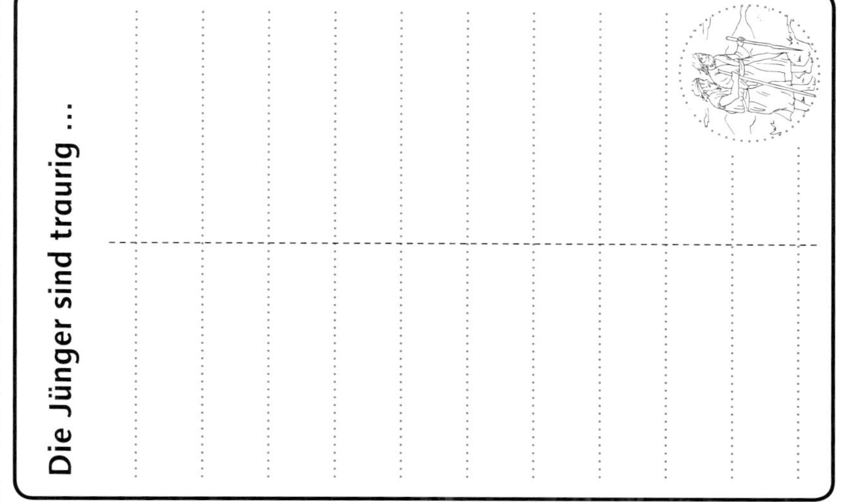

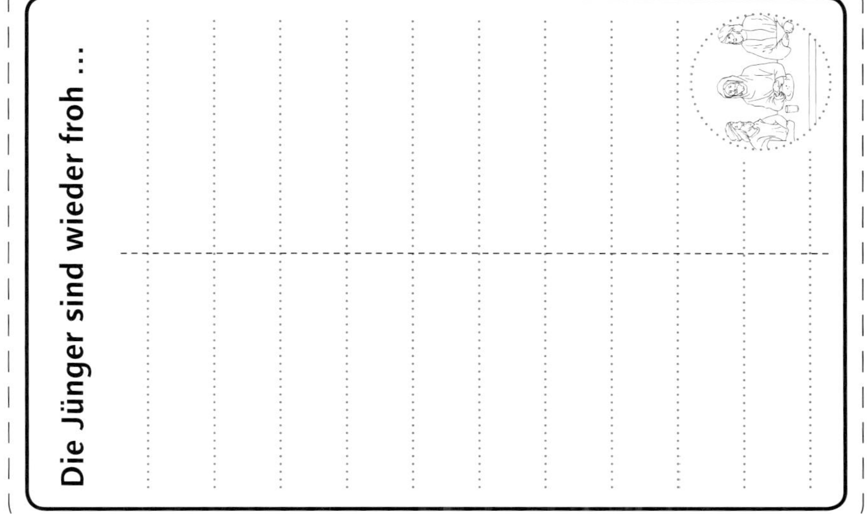

© Verlag an der Ruhr | Autorin: Doreen Blumhagen | ISBN 978-3-8346-3793-2 | www.verlagruhr.de

Jesus als Vorbild

① Schneide die Vorlage aus.
② Falte das Minibuch in der Mitte.
③ Klebe das Minibuch mit der Klebefläche in dein Lapbook.

❹ **Erinnere dich an Geschichten von Jesus. Wann war er ein Licht für andere? In welchen Geschichten war er ein strahlendes Vorbild für uns? Schreibe oder male es in die Kerze.**

INFO Jedes Jahr zu Ostern wird eine neue Osterkerze angezündet. Jesus hat selbst von sich gesagt, dass er das Licht der Welt sei.

Was bedeutet „Himmel“?

1. Schneide die Wolken aus.
2. Lege die Wolken aufeinander.
3. Stich den schwarzen Punkt mit einem spitzen Stift durch und verbinde die Wolken mit einer Musterklammer.

4. **Überlege dir, wie du dir den Himmel Gottes vorstellst. Schreibe oder male es auf die Wolken.**

INFO Das Wort „Himmel“ hat verschiedene Bedeutungen. Es gibt den Himmel über uns, den wir sehen können, und den unsichtbaren Himmel Gottes. Dieser Himmel ist die Welt, wie sie sich Gott für uns vorstellt. Ein anderes Wort für „Himmel“ ist „Paradies“.

Die Pfingstgeschichte 1/2

4

3

5

2

6

Die Pfingst-geschichte

© maglyvi – Fotolia.com

7

Klebefläche Lapbook

Die Pfingstgeschichte 2/2

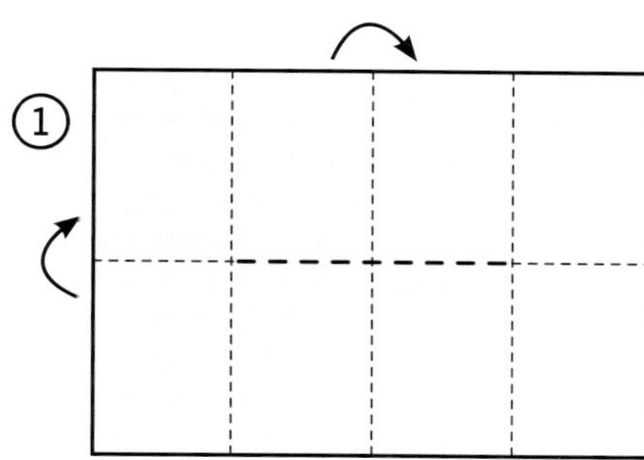

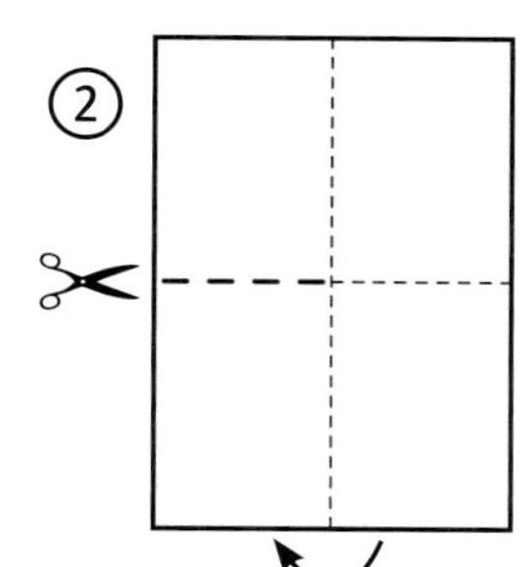

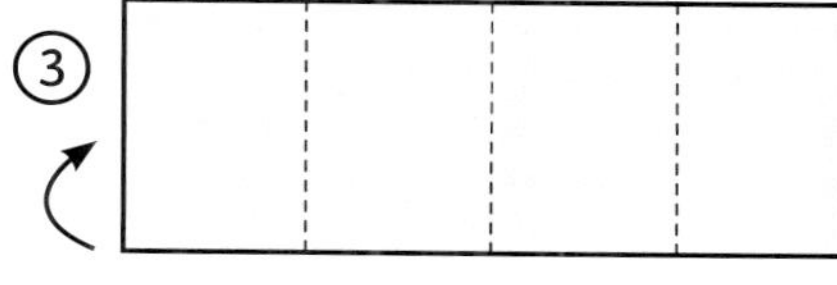

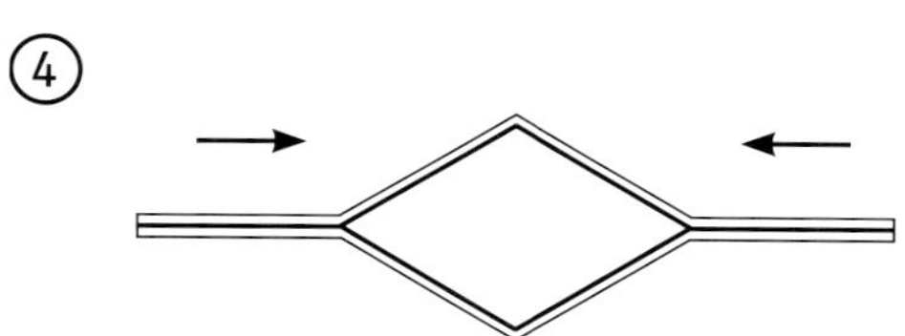

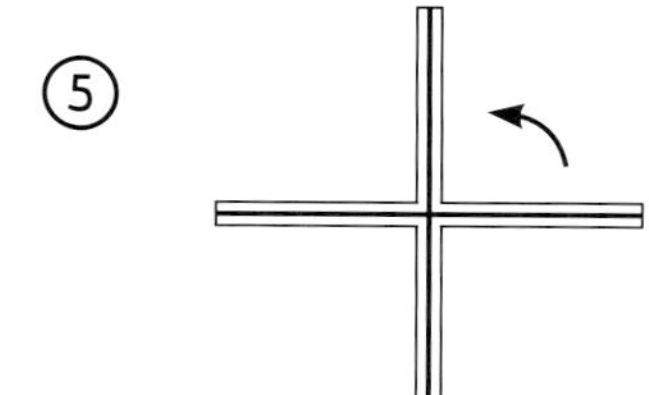

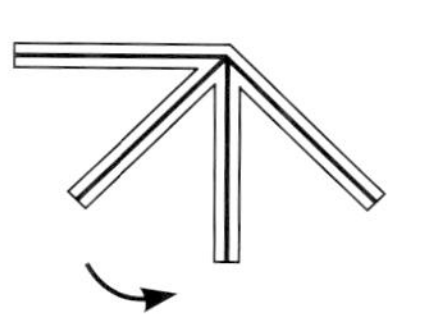
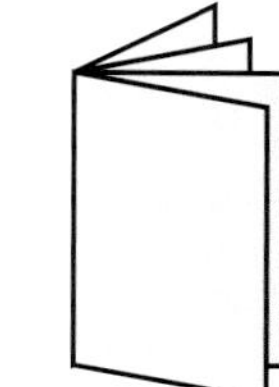

① Schneide die Vorlage auf der Seite 60 an der Schneidelinie aus. Falte an allen angegebenen Faltlinien.

② Falte das Blatt auf die Hälfte zusammen und schneide die innere Schneidelinie ein.

③ Falte es wieder auseinander und anschließend der Länge nach wieder zusammen.

④ Schaue dir das Buch von oben an. Fasse es rechts und links an den geschlossenen Seiten an und schiebe es zusammen.

⑤ Den entstandenen Stern kannst du nun zu einem Buch zusammenklappen.

❻ Schneide die Texte aus und sortiere sie in der richtigen Reihenfolge. Klebe auf jede Seite deines Miniheftes einen Text zur Pfingstgeschichte.

❼ Male zu jeder Seite ein passendes Bild oder Symbol.

⑧ Klebe das Minibuch mit der letzten Seite auf dein Lapbook.

An diesem Tag ließen sich viele Menschen taufen. Es entstand die erste christliche Gemeinde.	Die Jünger hatten Angst, gefangengenommen zu werden. Traurig und mutlos versteckten sie sich in einem Haus in Jerusalem und beteten.	Da hörten die Jünger ein lautes Brausen. Es klang wie ein gewaltiger Sturm.
Die Jünger liefen aus dem Haus, um allen von Jesus zu erzählen. Sie begannen, in verschiedenen Sprachen zu predigen.	Vor seiner Himmelfahrt gab er ihnen den Auftrag, allen von Gott zu erzählen. Zur Unterstützung würde er ihnen seinen Geist schicken.	Auf ihren Köpfen ließen sich Feuerzungen nieder. Sie spürten den Heiligen Geist und fassten neuen Mut, da sie sich nicht mehr allein fühlten.

Der Heilige Geist macht Mut

Klebefläche Lapbook

Der **Heilige Geist** bringt Liebe, Freude, Friede, Freundlichkeit, Güte, Sanftmut und Selbstbeherrschung.

(nach Galater 5,22)

① Schneide die Vorlage aus.

② Falte die Taube an der Faltlinie.

❸ **Wähle dir eine Situation auf den Bildern aus. Klebe sie in die Taube.**

❹ **Überlege, wie man mit Mut die Situation auf dem Bild ändern kann.**

❺ **Male oder schreibe es in die Taube.**

⑥ Klebe die Taube mit der Rückseite auf dein Lapbook.

INFO Der Heilige Geist bringt Menschen in Bewegung und hilft, dass das Zusammenleben in der Gemeinschaft besser funktioniert. Die Taube wird oft als Zeichen für den Heiligen Geist verwendet, da sie ein Symbol für den Frieden ist.

Der dreieine Gott

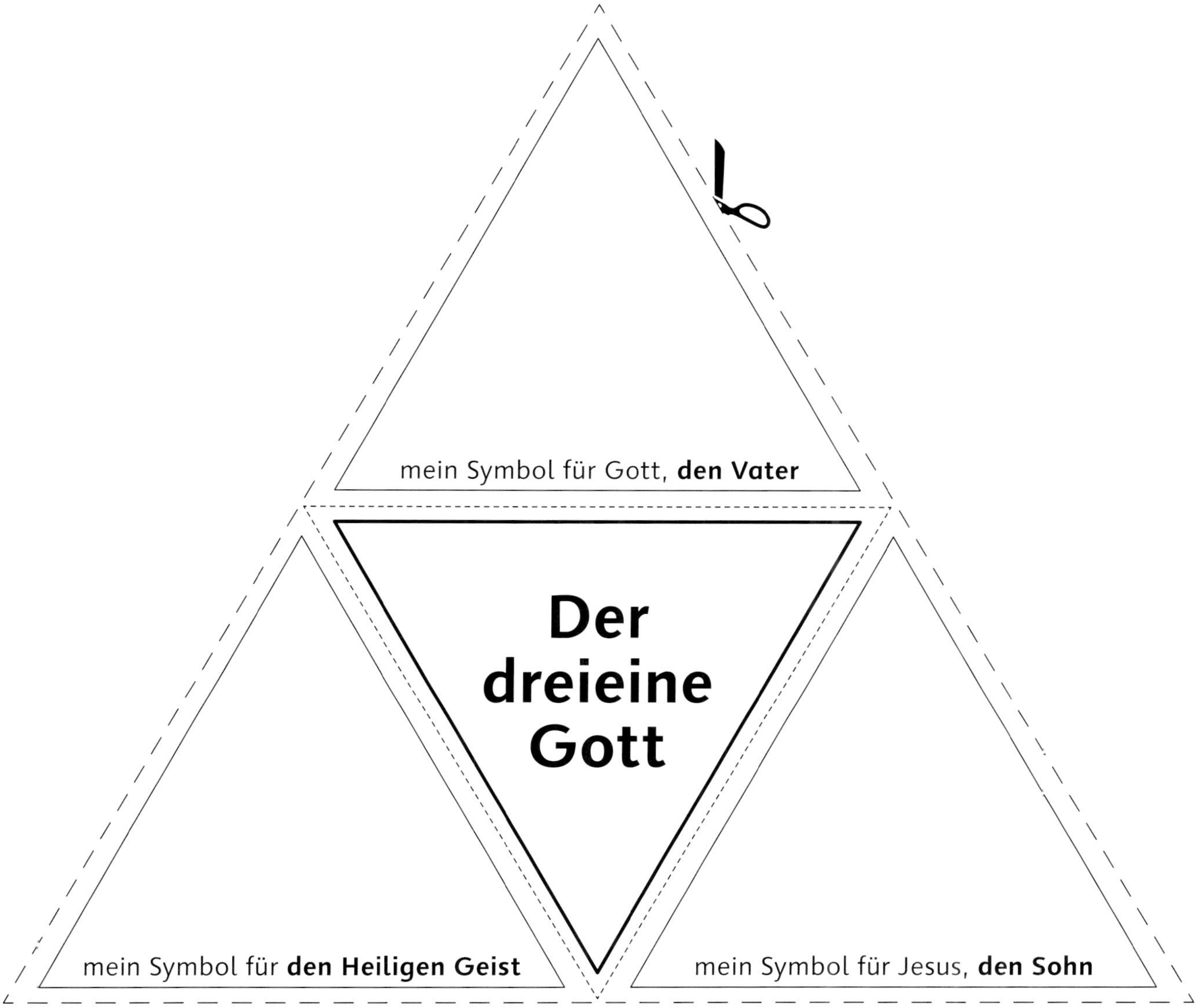

mein Symbol für Gott, **den Vater**

Der dreieine Gott

mein Symbol für **den Heiligen Geist**

mein Symbol für Jesus, **den Sohn**

① Schneide die Vorlage aus.
② Falte alle Dreiecke zur Mitte.

❸ **Lies auf der Infokarte 9 die Bibelstellen mit Bildern über Gott, den Vater, den Sohn und den Heiligen Geist.**

❹ **Male jeweils ein Bild, das dir gefällt, in die Dreiecke.**
TIPP Du kennst weitere Bilder von Gott? Male sie auf die Rückseite der Dreiecke.

⑤ Klebe das Minibuch mit der Rückseite auf dein Lapbook.

INFO Wir glauben, dass Gott drei Personen in sich vereint: Gott ist der Vater, der Sohn und der Heilige Geist. Wir sagen auch „der dreieine Gott". Jeder Teil Gottes hat andere Eigenschaften.

Blumenteppich für Fronleichnam

Mein Fronleichnamsteppich

© Dorothee Wolters

Klebefläche Lapbook

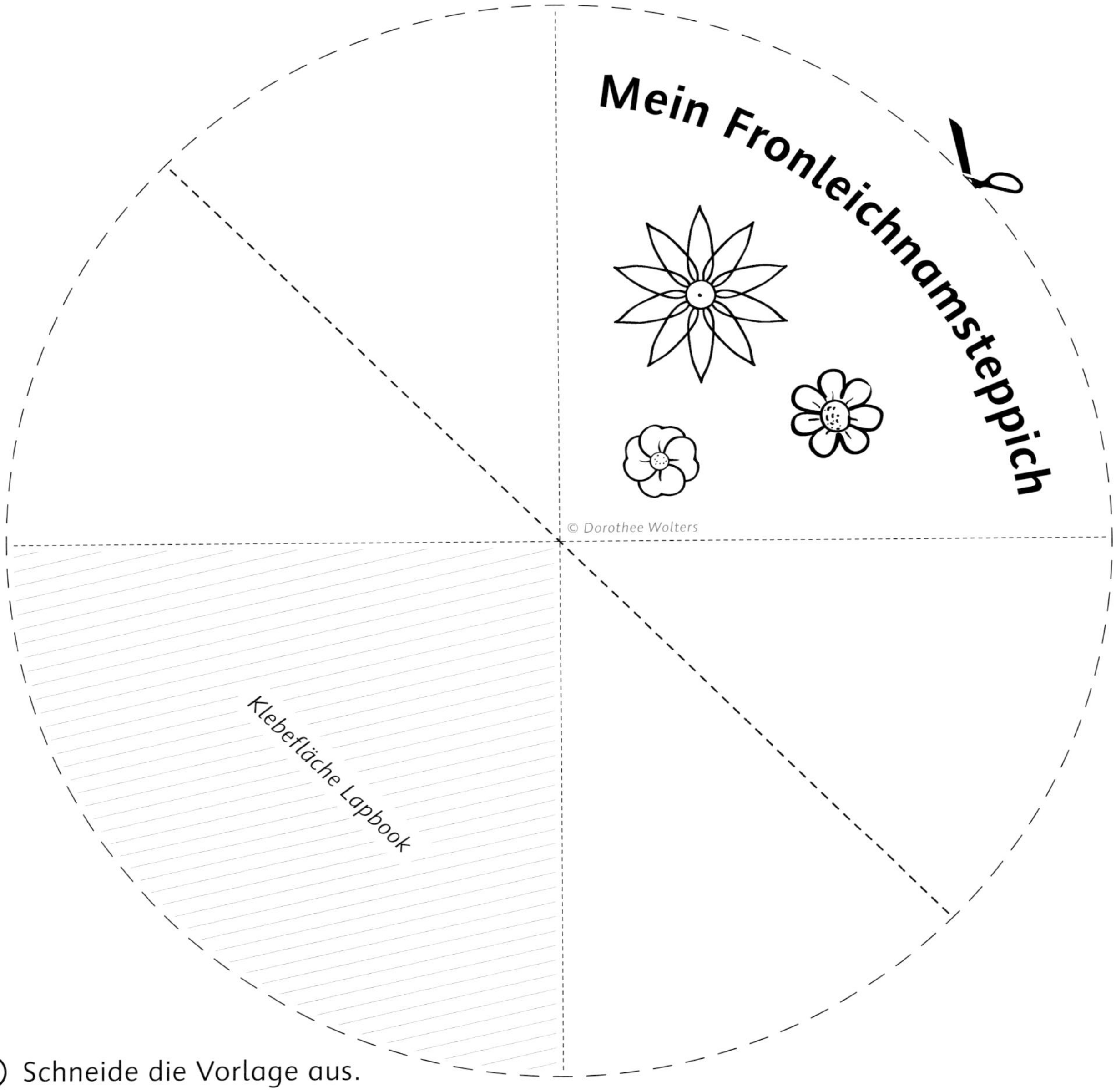

1. Schneide die Vorlage aus.
2. Falte den Kreis an den dünnen Faltlinien nach hinten und an der dicken Faltlinie nach vorn.
3. **Male in den geöffneten Kreis einen farbigen Blumenteppich für Fronleichnam. Wähle als Motiv eine Jesusgeschichte oder christliche Symbole.**
4. Klebe das Minibuch mit der Rückseite auf dein Lapbook.

INFO Für die Prozession an Fronleichnam schmücken katholische Christen die Straßen und legen prächtige Blumenteppiche an verschiedenen Altären. Aus vielen Blumen werden Jesusgeschichten der Bibel oder christliche Symbole nachgelegt.
Symbole sind zum Beispiel Taube, Brot, Wein, Kelch, Himmel, Regenbogen, Sonne, Kreuz, Blüten, Kornähren, Feuer, Wasser, Fische.

Danke für ...

① Schneide die Vorlage aus.
② Falte alle Klappen zur Mitte.

❸ Überlege, wofür du Gott danken möchtest. Male oder schreibe es in den Korb und die Dreiecke. Du kannst auch Bilder einkleben.

④ Klebe dein Minibuch mit der Rückseite auf dein Lapbook.

INFO An Erntedank danken wir Gott für die Ernte. Wir danken aber auch für alles, was Gott uns täglich schenkt. Dies können Dinge, Personen, Gefühle oder Situationen sein, die für uns besonders wichtig sind.

Meine Thesen

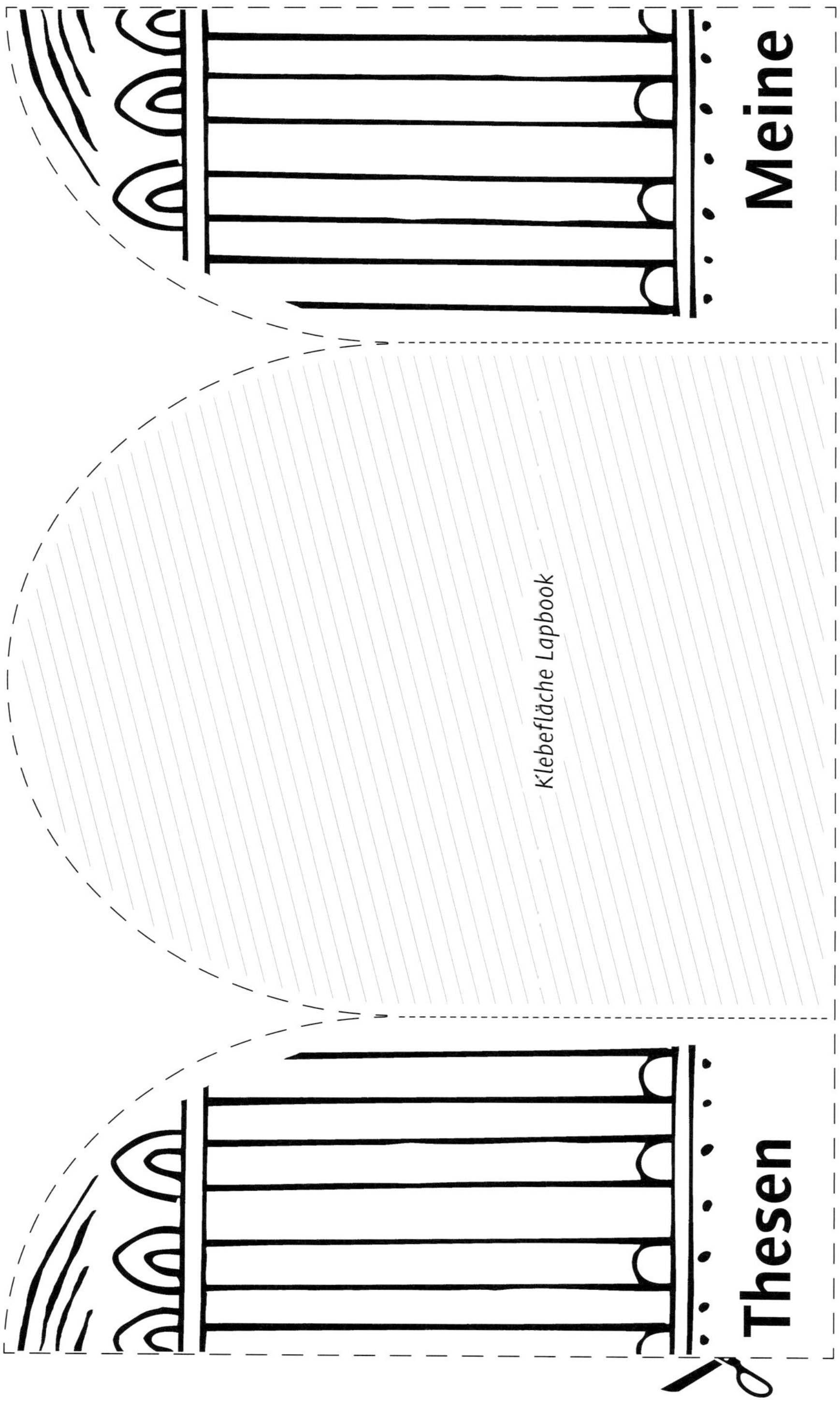

Meine

Klebefläche Lapbook

Thesen

① Schneide die Vorlage aus.

② Falte beide Seitenklappen zur Mitte.

❸ **Überlege: Was findest du an der Kirche gut? Was gefällt dir nicht? Schreibe es in das Tor.**

④ Klebe das Minibuch mit der Rückseite auf dein Lapbook.

INFO Martin Luther schlug am 31.10.1517 seine 95 Thesen an die Schlosskirche Wittenberg. Er wollte mit anderen darüber sprechen, was ihm an der Kirche nicht gefiel.

Ein Ehrentag für die Heiligen

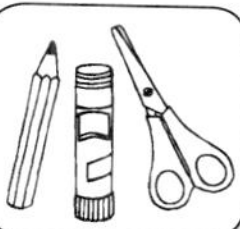

Klebefläche Lapbook

Heiliger: ....

Seite 2

Gedenktag

Seite 3

Schutzpatron für

① Schneide die Kärtchen aus.
② Falte die Vorlagen nach hinten.
③ Lege die Klappen aufeinander und falte sie zusammen. Seite 1 liegt unten.
④ Hefte die Seiten an den Linien mit einem Heftgerät zusammen.
⑤ Klebe das Minibuch auf dein Lapbook.

❻ Informiere dich über einen Heiligen (Gedenktag, Schutzpatron ...).
❼ Gestalte die Seiten 4, 5 und 6 selbst. Beispiele: Leben und Wirken, Legenden, Brauchtum, Bild.

INFO An Allerheiligen denken wir an unsere Heiligen. Sie wurden vom Papst für ihren Mut, ihren Einsatz für andere und ihr Vertrauen auf Gott heiliggesprochen. Beispiele: Don Bosco, Maximilian Kolbe, Barbara von Nikomedien, Mutter Teresa.

In Erinnerung

① Schneide die Vorlage aus.
② Falte an beiden Faltlinien nach hinten.
③ Falte die kleinen Klebeflächen über die Rückseite und klebe sie fest.
④ Klebe den Umschlag auf dein Lapbook.
⑤ Nimm ein A5-Blatt und falte es 3-mal bis zur Mitte, damit es in deinen Umschlag passt.

❻ Wie wird in deiner Familie oder in deiner Gemeinde an die Verstorbenen gedacht? Schreibe es auf das A5-Blatt.
❼ Gestalte dein Blatt.

INFO Zu Allerseelen *(katholisch)* und zum Ewigkeitssonntag *(evangelisch)* denken wir an unsere verstorbenen Angehörigen.

Die Legende von Sankt Martin

Sankt Martin

Martin war ein Soldat.

Es war Winter. Martin sah einen frierenden Bettler.

Martin teilte seinen Mantel mit einem Schwert. Er gab dem Bettler eine Hälfte seines Mantels.

Martin ließ sich taufen und tat Gutes. Später wurde er Bischof.

hier Teil 2 ankleben

1. Schneide die Vorlagen aus.
2. Klebe beide Teile aneinander.
3. Falte das Minibuch wie ein Leporello vor und zurück.
4. Klebe das Minibuch mit der Rückseite auf dein Lapbook.

5. **Lies die Sätze zur Geschichte von Sankt Martin.**
6. **Male zu jedem Satz ein passendes Bild.**

© Verlag an der Ruhr | Autorin: Doreen Blumhagen | ISBN 978-3-8346-3793-2 | www.verlagruhr.de

Teilen wie Sankt Martin

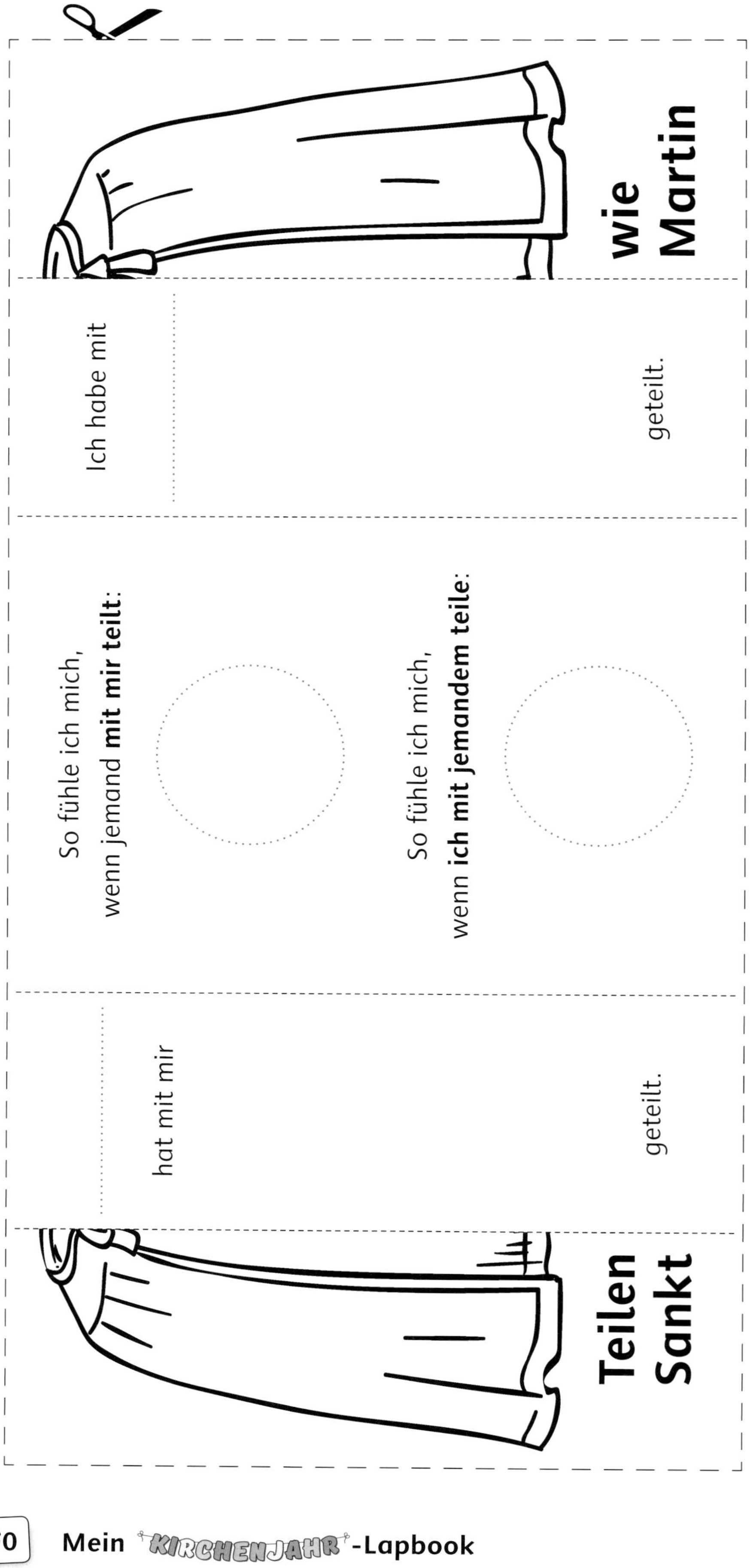

Teilen Sankt

wie Martin

Ich habe mit ... geteilt.

So fühle ich mich, wenn jemand **mit mir teilt**:

So fühle ich mich, wenn **ich mit jemandem teile**:

... hat mit mir ... geteilt.

① Schneide die Vorlage aus.

② Falte die beiden Mantelteile nach außen und die beiden inneren Teile nach innen. Wenn du das Buch nun schließt, ist der Mantel zusammen.

❸ **Hat schon einmal jemand etwas mit dir geteilt? Was hat er mit dir geteilt? Ergänze den Satz. Male einen Smiley, wie du dich dabei gefühlt hast.**

❹ **Hast du schon einmal mit jemandem etwas geteilt? Was hast du mit wem geteilt? Ergänze den Satz. Male einen Smiley, wie du dich dabei gefühlt hast.**

❺ **Male oder schreibe auf die leeren Seiten auf der Rückseite, was du mit anderen teilen könntest.**

⑥ Klebe dein Minibuch mit der Rückseite auf dein Lapbook.

Es tut mir leid ...

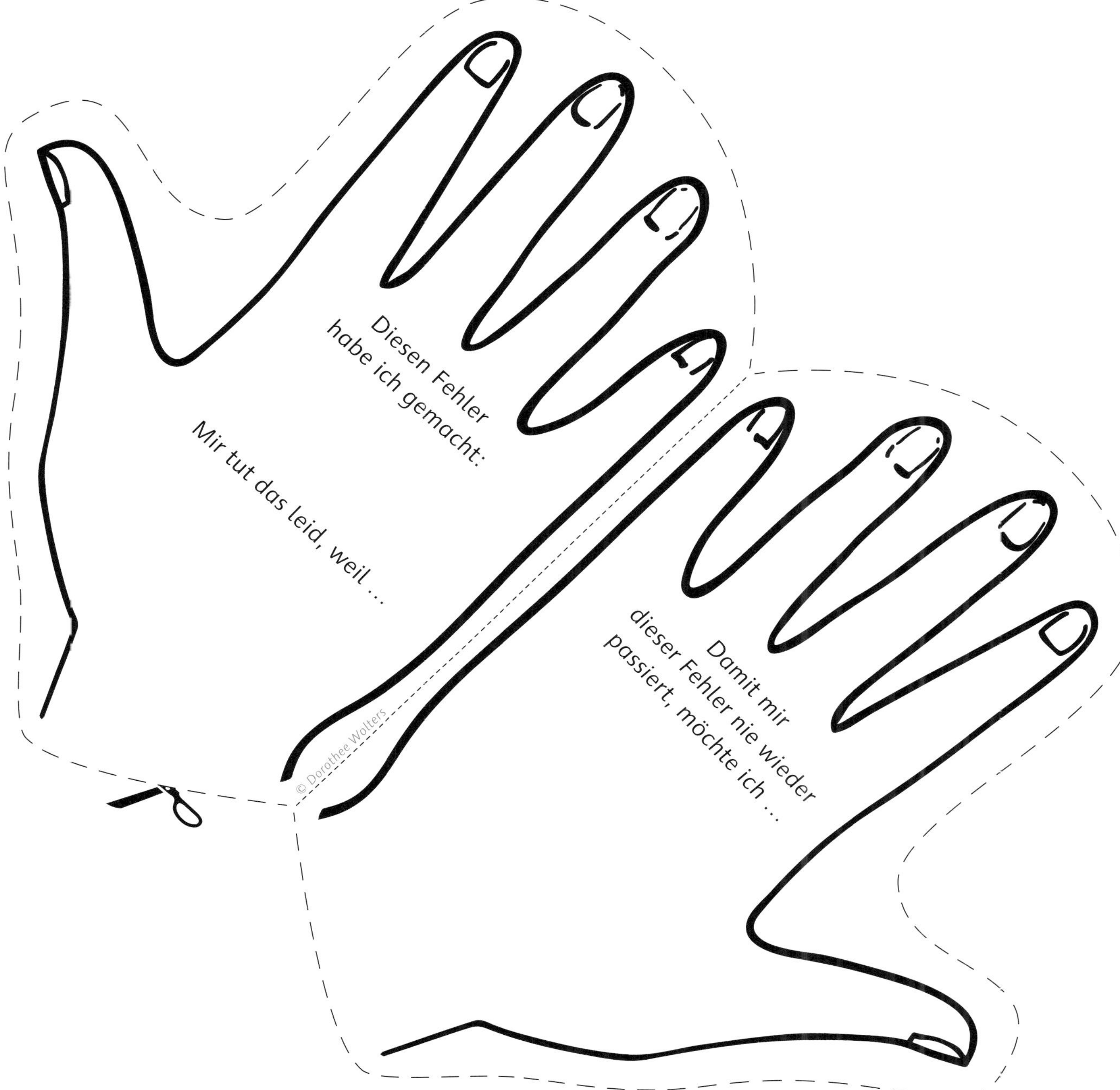

① Schneide die Vorlage aus.
② Falte die Hände in der Mitte zusammen.
③ Klebe das Minibuch mit der Rückseite auf dein Lapbook.

❹ **Erinnere dich an einen Fehler, den du gemacht hast. Überlege, wie du ihn in Zukunft verhindern kannst. Ergänze dazu die Sätze in den Händen.**

INFO Am Buß- und Bettag denken wir über unsere Fehler nach. Wir bitten Gott, uns zu helfen, damit wir uns ändern.

Jesus, unser König

Jesus ist mächtig, weil …

Jesus ist gerecht, weil …

1. Schneide die Kronen aus.
2. Lege sie aufeinander. Verbinde sie mit einem Heftgerät an der Linie.
3. Klebe das Minibuch mit der Rückseite auf dein Lapbook.

4. **Ergänze die angefangenen Sätze auf den Kronen und begründe, warum diese Eigenschaften zu Jesus passen.**
5. **Schreibe auf die leere Krone, eine weitere Eigenschaft, die du mit einem guten König verbindest.**
   Tipp: Denke an Jesus-Geschichten.

INFO Jesus wird in der Bibel mehrmals als König beschrieben.
Beispiele: Die drei Weisen suchen einen neugeborenen König, Jesus wird in Jerusalem mit Palmwedeln wie ein König empfangen.